중급**2**

법무부 사회통합프로그램(KIIP)

한국어와 한국문화

국립국어원 기획
이미혜 외 집필

Hawoo Publishing Inc.

발간사

2020년 9월호 법무부 출입국·외국인 통계월보에 따르면 국내 체류 외국인은 약 210만 명으로 2010년보다 2배 가까이 증가하였습니다. 그런데 주목할 점은 체류 외국인이 양적으로 증가하였을 뿐만 아니라 이들의 유형이 결혼 이민자를 비롯하여 근로자, 유학생, 중도 입국 자녀 등으로 점차 다양해졌다는 것입니다. 이러한 변화는 다양한 언어와 문화적 배경을 가진 구성원과의 '공존'의 중요성을 한국 사회에 알리는 동시에 '소통'의 과제를 던져 준다고 생각합니다.

이에 국립국어원에서는 한국에 온 외국인들이 체계적으로 한국어를 배워 한국 사회의 일원으로 능동적으로 생활하고, 사회 구성원 간의 의사소통이 더욱 원활할 수 있도록 지원하고 있습니다. 그리고 이를 위한 교육 내용을 연구하고, 한국어 교재를 발간하고 있습니다. 이번에 발간되는 ≪사회통합프로그램(KIIP) 한국어와 한국문화≫는 이러한 노력의 결실 중 하나라 할 수 있습니다.

이번 교재 개발에는 한국어 교육 및 사회·문화 교육 전문가가 집필자와 검토자로 참여하여 한국어와 한국 문화의 전문적 내용을 체계적이면서도 친근하게 구성하였습니다. 특히 '사회통합프로그램'을 총괄하는 법무부의 협조로 현장 요구 조사와 시범 적용을 실시하여 교사와 학습자의 의견을 폭넓게 반영하기 위해 노력하였습니다. 그리고 한국어 능력 향상뿐만 아니라 문화 다양성을 고려하여 내용을 구성하였으며, 풍부한 보조 자료를 제공함으로써 교사와 학습자가 손쉽게 활용할 수 있도록 하였습니다.

본 교재는 기초편 교재 1권, 초급 교재 2권, 중급 교재 2권의 5권으로 구성되며, 이 구성에 따라 학습자용 익힘책과 교사용 지도서가 본 교재와 함께 출간됩니다. 이와 함께 학습자용 유형별 보조 자료와 수업용 보조 자료를 별도로 제작하여 현장에서 손쉽게 사용할 수 있도록 제공하였습니다.

아무쪼록 이 교재가 사회통합프로그램에 참여하는 학습자들에게 한국어를 체계적이고 충실하게 익힐 수 있는 유용한 길잡이로 널리 활용되기를 바랍니다. 그래서 이 교재를 사용하는 이민자들이 한국 사회의 주체적인 구성원으로서 안정적인 생활을 영위하는 데 도움이 되기를 희망합니다.

끝으로 이 교재의 개발을 위해 최선의 노력을 기울여 주신 교재 개발진과 출판사 관계자 분들께 깊은 감사의 말씀을 드립니다.

2020년 12월

국립국어원장 소강춘

국내 체류 외국인의 수가 100만 명을 넘은 2007년을 기점으로 한국 사회는 다문화 사회의 도래를 대비하기 위해 제도적 준비를 해 왔습니다. 그중 이민 초기 정착 단계의 필수적인 지원 사항인 한국어 학습은 여러 부처에서 다양한 프로그램으로 운영되었는데, 2020년부터 법무부가 주관하는 사회통합프로그램으로 표준화되었습니다. 사회통합프로그램은 국내 체류 이민자를 대상으로 하는 '한국어와 한국문화', '한국사회이해' 교육 프로그램으로, 결혼 이민자와 근로자, 유학생 등 전문 인력, 중도 입국 자녀 등이 참여합니다. 2009년에 처음 시행된 이후 점점 성장하여, 현재 약 350개의 운영 기관에서 약 6만 명의 이민자들이 교육에 참여하고 있습니다.

이민자 대상의 한국어 교육에서 사회통합프로그램의 중요성이 커지면서 교육의 체계화와 효율화, 변화하는 사회 양상의 반영 등을 위해 교재 개발 연구가 진행되었고, 그 결과물이 ≪사회통합프로그램(KIIP) 한국어와 한국문화≫ 교재입니다. 이 교재의 특징은 다음과 같습니다.

첫째, 교재와 익힘책, 교사용 지도서, 기타 보조 자료로 구성되어 있습니다. 교실 수업에서 사용할 교재 이외에 교수·학습 효율성을 높이기 위해 학습 자료 일체를 개발하였습니다.

둘째, 교재는 사회통합프로그램 단계별 100시간 수업에 맞춰 구성했는데 이민자들이 한국 사회에 정착하는 과정에서 필요한 한국어와 한국문화 내용을 선정하여 살아있는 언어문화 교육이 되도록 했습니다. 특히 변화하는 한국 사회의 모습과 특징을 교재 전체에 다양한 소재로 사용했을 뿐만 아니라, 다양한 문화 주제를 통해 이민자들이 한국 사회를 이해하고 적응하는 데 도움을 주고자 했습니다. 그리고 결혼 이민자, 근로자, 유학생 등 전문 인력, 중도 입국 자녀들을 등장인물로 하여 한국 사람들과 함께 생각과 정보를 나누고, 공감하며 생활하는 모습을 담았습니다.

셋째, 익힘책은 이민자들이 자신의 학습 속도와 능력에 맞게 학습 내용을 복습하고 보완할 수 있도록 구성하였습니다. 교사들도 교실 상황에 맞춰서 융통성 있게 활용할 수 있을 것입니다.

넷째, 교사용 지도서와 기타 보조 자료는 교사들이 수업의 핵심 내용을 명료하게 파악하고 운용하도록 안내해 줄 것입니다. 또한 교사들의 필수적인 수업 준비 시간을 단축해 주는 대신에 교실 상황에 맞는 수업 설계에 시간을 투자할 수 있도록 도와줄 것입니다.

이민자용 한국어 교재는 단지 의사소통 능력을 길러 주는 역할만이 아니라 우리 사회의 진정한 '사회통합'을 이끄는 교재여야 합니다. 이 교재를 통해 이민자들의 사회통합프로그램 참여를 확대하고 교수·학습의 효율성을 높이기를 기대합니다. 또한 이민자의 사회 적응을 돕고 진정한 사회통합으로 나아가는 데 일조하기를 기대해 봅니다.

마지막으로 우리 사회 이민자 대상 한국어 교육을 위해 의미 있는 교재 개발 사업을 기획하고 지원해 주신 국립국어원 관계자 여러분께 감사드리며, 법무부 이민통합과 관계자분들께도 감사드립니다. 그리고 다양하고 새로운 시도를 통해 멋진 교재로 완성해 주신 하우 출판사 관계자분들께도 진심으로 감사드립니다. 원고를 고치고 다듬느라 오랫동안 소중한 일상을 돌보지 못한 연구진들께도 머리 숙여 감사의 마음을 전합니다.

2020년 12월
저자 대표 이미혜

일러두기

단원 도입

• 단원 첫머리에 '제목–학습 내용–사진/삽화'를 제시하여 단원 내용을 파악할 수 있도록 하였다.

• 주제 관련 사진과 삽화를 제시하고 길잡이 질문을 포함하여, 학습 내용을 예측할 수 있도록 하였다.

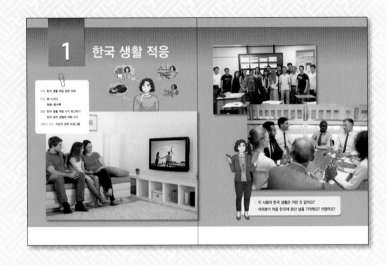

어휘

• 주제 관련 어휘와 표현을 의미장으로 묶어서 제시했으며, 간단한 연습 문제를 포함하여 어휘 이해를 확인하도록 하였다.

문법

• 문법 의미와 사용법을 알 수 있도록 상황 그림과 예문을 제시했으며, 형태 정보를 도식화하여 명료하게 제시하였다. 교재에는 통제된 연습과 유의미한 연습을 포함하였고, 익힘책에 더 단순한 연습과 확장 연습을 포함하였다.

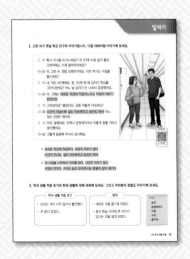

말하기

• 모범 대화문을 활용한 대치 연습과 자유로운 대화 연습으로 구성하였다. 모범 대화문 연습을 통해 구체적인 상황에서 의사소통 기능 수행을 연습하도록 하였다. 자유로운 대화 연습은 모범 대화문의 확장으로, 대화 상황이나 대화 내용을 간략히 제시하고 자유롭게 말해 보도록 하였다.

듣기

- 단원 주제와 연관된 다양한 담화 듣기로 구성하였다. 듣기 전 활동을 포함하여 들을 내용을 예측하는 전략을 기르도록 했으며, 듣기 활동으로 중심 내용, 세부 내용, 대화 상황 등 다양한 이해 활동을 제시하였다.

발음

- 한 단원에 한 가지 음운 현상을 제시하고 연습하도록 구성하였다. 음운 현상을 쉽게 이해하도록 규칙을 도식화했으며, 단어 연습에서 문장 연습, 대화 연습으로 확장하였다.

읽기

- 읽기 관련 어휘, 표현을 읽기 자료 속에서 익힐 수 있도록 읽기 전 활동을 구성하고 한 페이지 분량으로 제시하여, 읽기 전 활동을 강화하였다.

- '읽기'는 단원 주제와 연관된 다양한 글 (메모, 문자 메시지, 광고 등)을 활용하였다. 이해 확인 연습은 선다형, 연결형, 진위형, 빈칸 채우기, 단답형 등으로 다양하게 구성하였다.

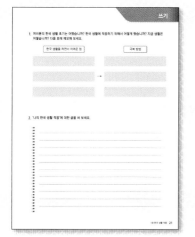

쓰기

- 과정 중심 쓰기로 구성하였다. 쓰기 전에 쓸 내용에 대한 생각을 나누고 메모하는 단계를 포함하여 쓰기에 대한 부담을 줄이도록 했으며, 글 쓰는 절차와 방법을 익혀가도록 하였다.

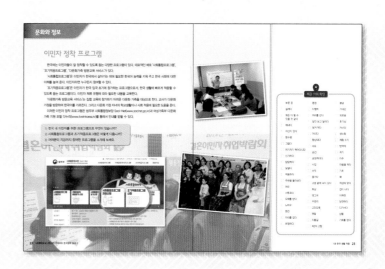

문화와 정보

- 단원 주제와 관련된 문화를 선정하여 한국어로 설명하고 시각 자료를 제시하였다. 내용 이해를 돕기 위해 사진, 삽화를 충분히 제시하였다. 활동은 한국 문화에 대해 이야기하기, 자국 문화 소개하기, 자신의 경험 이야기하기 등으로 구성하여 상호문화적인 접근이 가능하도록 하였다.

차례

교재 구성표

단원	단원명/주제	어휘	문법
1	한국 생활 적응	한국 생활 적응 관련 어휘	동-느라고 동형-을수록
2	가족의 변화	가족의 형태와 특징	동형-을 뿐만 아니라 동형-을 수밖에 없다
3	생활 속의 과학	생활 속 과학과 기술	동형-는 줄 알다 동-곤 하다
4	한국의 의례	한국의 의례	동형-더니 동형-은 나머지
5	문화유산	문화유산 관련 어휘	얼마나 동형-는지 모르다 동형-든지
6	국제화 시대	국제 사회의 모습과 특징	동형-던 동형-을 정도로
7	현대인의 질병	질병과 증상	동-되 동-었더니
8	정보화 사회	인터넷과 스마트폰으로 하는 일	동형-는다면서요? 동-을 겸 동-을 겸
	복습 1(1~8과)		
9	사건과 사고	사건, 사고 관련 어휘	동-을 뻔하다 명으로 인해
10	언어생활	올바른 언어생활, 한국어 사용의 어려움	동-고 말다 동형-는 척하다
11	교육 제도	한국의 교육 제도	명조차 동형-기 마련이다
12	선거와 투표	선거 어휘	동-나 보다, 형-은가 보다 명이야말로
13	환경 보호	환경 보호 실천 어휘	동-는 한 동-도록
14	생활과 경제	경제 관련 어휘	동형-으므로 명은/는커녕
15	법과 질서	규칙과 법	동-다시피 동-는 법이다
16	이민 생활	외국인의 고충과 노력	동형-을지도 모르다 명치고
	복습 2(9~16과)		

활동	발음	문화와 정보
한국 생활 적응 시기 회고하기 한국 정착 경험에 대해 쓰기	경음화	이민자 정착 프로그램
가족의 특징에 대해 말하기 좋아하는 가족의 형태에 대해 쓰기	경음화	출산 장려 정책
생활 속 최신 제품에 대해 이야기하기 기술 발전으로 인한 생활의 변화를 비교하는 글 쓰기	외래어 발음	온돌
결혼식 절차 말하기 특별한 날에 대해 쓰기	이중 모음 발음	성년의 날
문화유산 볼 수 있는 장소 추천하기 문화유산 소개하는 글 쓰기	'ㅎ' 약화	아리랑
국제화 시대의 모습에 대해 말하기 국제화 시대의 인재상 쓰기	경음화	국제기구
병에 대해 조언하기 생활 습관과 병에 대해 쓰기	'ㄴ' 첨가	한국의 국민 건강 보험 제도
인터넷과 스마트폰 사용의 문제점 말하기 인터넷과 스마트폰 중독 문제와 예방 방안 쓰기	유음화	스마트폰과 애플리케이션
자신에게 생긴 사고에 대해 말하기 자신이 경험한 사건이나 사고에 대한 글 쓰기	경음화	사고와 예방
한국어 사용의 어려움에 대해 말하기 한국어 사용의 어려움에 대해 쓰기	이중 모음 발음	말과 관련된 한국 속담
사교육에 대한 찬성과 반대 의견 말하기 교육 제도 설명하는 글 쓰기	경음화	평생 교육
선거에 대해 말하기 지도자의 자질에 대해 쓰기	비음화	한국의 선거
환경 오염으로 인한 건강 문제 이야기하기 환경 보호 실천 사례 소개하는 글 쓰기	격음화	환경 보전 운동
경제 상황에 대해 말하기 물가에 대한 기사문 쓰기	'ㄴ' 첨가	국민연금
법규를 지키는 생활 말하기 준법 생활의 필요성 쓰기	비음화	찾기 쉬운 생활 법령 정보
한국 생활 경험담 말하기 나의 꿈에 대한 글 쓰기	격음화	사회통합프로그램과 한국 국적 취득

제이슨(미국)
영어 강사

라흐만(방글라데시)
새시 공장 직원

이링(중국)
면세점 판매원

안젤라(필리핀)
무역 회사 직원

박민수(한국)
자영업

유진(필리핀)

박슬기(한국)
초등학생

후엔(베트남)
주부

등장인물

라민(이집트)
유학생

잠시드(우즈베키스탄)
이삿짐센터 직원

김영욱(한국)
버스 기사

김성민(한국)
고등학생

고천(중국)
주부

정아라(한국)
한국어 선생님

아나이스(프랑스)
유학생

1 한국 생활 적응

어휘: 한국 생활 적응 관련 어휘

문법: 동-느라고
　　　동형-을수록

활동: 한국 생활 적응 시기 회고하기
　　　한국 정착 경험에 대해 쓰기

문화와 정보: 이민자 정착 프로그램

- 이 사람의 한국 생활은 어떤 것 같아요?
- 여러분이 처음 한국에 왔던 날을 기억해요? 어땠어요?

1. 여러분은 한국 생활 초기에 어땠어요?

낮선 환경에 적응하는 게 쉽지 않았지만 새로운 생활을 즐기려고 노력했어요.

부푼 꿈을 가지고 왔어요. 정말 설렜어요.

의사소통이 잘 안 돼서 답답했어요.

하나하나 다 새롭고 신기하게 느껴졌어요.

향수병에 걸렸어요. 가족들이 너무 그리웠어요.

뭐든 다 할 수 있을 것 같았어요. 잘 해낼 자신이 있었어요.

문화 차이가 커서 불편하기도 하고 재미있기도 했어요.

살 곳과 직장을 구하려고 여기저기 뛰어다녔어요.

한국에 사는 고향 선배가 하나부터 열까지 도움을 주었어요.

2. 지금의 한국 생활은 어때요?

이제는 주변을 돌아볼 수 있는 여유가 생겼어요.

한국어가 아직 서툴러서 오해를 받을 때는 속상해요.

오래 다닐 수 있는 좋은 직장이 생겨서 생활이 안정됐어요.

일을 처음 배울 때 힘들었는데 지금은 일을 쉽게 하는 나만의 노하우도 생겼어요.

외국인에 대한 편견 때문에 서글플 때도 있어요.

어느 정도 자리를 잡아서 가족들을 초청하려고 해요.

1 동-느라고

앞 내용이 뒤 내용의 이유나 원인이 됨을 나타낸다.

정아라: 한국에 오자마자 바로 한국어 공부를 시작하기
어려운 이유가 있었어요?

라흐만: 그때는 새로운 환경에 적응하느라고 공부를
시작할 수 없었어요.

예문

• 가: 어제 이사하느라고 힘들었지요?

   나: 네. 그런데 다행히 친구들이 많이 도와줬어요.

• 머리를 감느라고 전화를 못 받았다.

• 병원에 다녀오느라고 지난주 수업에 올 수 없었습니다.

-느라고	• 읽다 → 읽느라고 ★살다 → 사느라고
	• 걷다 → 걷느라고
	• 다녀오다 → 다녀오느라고
	• 구하다 → 구하느라고

1. 보기와 같이 친구와 이야기해 보세요.

처음 한국에 왔을 때 어땠어요?

낯선 환경에 적응하느라고
정신이 없었어요.

한국 생활 초기에 한 일	힘들었던 점
보기 낯선 환경에 적응하다	정신이 없다
1) '가, 나, 다, 라'부터 배우다	고생이 많다
2) 직장을 구하다	여기저기 뛰어다니다
3) 앞만 보고 달리다	여유가 없다
4) 적은 월급으로 살다	친구도 자주 못 만나다

2. 여러분은 한국에 처음 왔을 때 어땠어요? '-느라고'를 이용해서 이야기해 보세요.

추운 날씨에 적응하느라고 힘들었어요.
하지만 신기하고 재미있는 것도 많았어요.

단어장

환경
다행히
머리를 감다
앞만 보고 달리다

2 동 형 -을수록

앞 내용의 상황이나 정도가 더 심해질 경우 뒤 내용의 결과나 상황도 그에 따라 더하거나 덜하게 됨을 나타낸다.

아나이스: 단계가 올라갈수록 한국어 공부가 더 어려워요.
정 아 라: 그래도 한국어 실력이 좋아질수록 생활이 더 편해질 거예요.

예문

· 가: 이거 더 끓일까요?
  나: 네, 조금 더 끓이세요. 미역국은 오래 끓일수록 더 맛있어요.
· 몸이 안 좋을수록 더 잘 챙겨 먹어야 한다.
· 나이가 어릴수록 외국어를 빨리 배운다.

-을수록	· 읽다 → 읽을수록
	· 짧다 → 짧을수록
-ㄹ수록	· 사귀다 → 사귈수록 ★ 살다 → 살수록
	· 어리다 → 어릴수록

Tip '-을수록'은 '-으면 -을수록'으로 자주 사용한다.

---

1. 보기 와 같이 친구와 이야기해 보세요.

> 한국에서 오래 살았지요?

> 네. 그런데 한국에서 오래 살수록 궁금한 것이 더 생기는 것 같아요.

	조건	변화하는 것
보기	한국에서 오래 살았다	궁금한 것이 더 생기다
1)	한국 드라마를 많이 보다	한국어 듣기 실력이 향상되다
2)	집이 학교에서 가깝다	지각을 자주 하다
3)	날씨가 추워졌다	감기 환자가 늘어나다
4)	수요가 많이 늘었다	가격이 비싸지다

---

2. 한국에 살아 보니까 어때요? '-을수록'을 이용해 이야기해 보세요.

· 한국 문화
· 한국 음식
· 한국어 공부

> 한국에 산 지 3년 됐는데 한국 문화는 알수록 매력적인 것 같아요.

단어장

챙겨 먹다
어리다
향상되다
수요

1. 고천 씨가 옛날 학교 친구와 이야기합니다. 다음 대화처럼 이야기해 보세요.

고　　천: 혹시 다니엘 씨 아니에요? 저 1단계 수업 같이 들은 고천이에요. 이게 얼마만이에요?

다니엘: 아, 고천 씨. 정말 오랜만이에요. 이번 학기도 수업을 들으세요?

고　　천: 네, 저는 4단계예요. 참, 1단계 때 왜 갑자기 학교를 그만두셨어요? 어느 날 갑자기 안 나와서 궁금했어요.

다니엘: 아, 그때는 새로운 직장에 적응하느라고 마음의 여유가 없었어요.

고　　천: 그러셨어요? 몰랐어요. 요즘 어떻게 지내세요?

다니엘: 시간이 지날수록 일도 익숙해지고 승진도 해서 어느 정도 안정이 됐어요.

고　　천: 아유, 잘됐네요. 언제나 긍정적이셔서 이렇게 잘될 거라고 생각했어요.

다니엘: 그렇게 말씀해 주셔서 감사해요.

4-1 EBOOK

1) 새로운 직장에 적응하다, 마음의 여유가 없다 ┊
　 시간이 지나다, 일도 익숙해지고 승진도 하다

2) 새 사업을 시작해서 자리를 잡다, 시간의 여유가 없다 ┊
　 사업이 커지다, 수익도 늘고 도와주시는 분들이 많이 생기다

2. 한국 생활 적응 초기와 현재 생활에 대해 대화해 보세요. 그리고 여러분의 경험도 이야기해 보세요.

한국 생활 적응 초기	현재
• 모르는 것이 너무 많아서 불안했다. • 큰 꿈이 있었다.	• 새로운 것을 즐기게 되었다. • 꿈과 현실 사이에 큰 차이가 있다는 것을 알게 되었다.

단어장

승진
긍정적이다
사업
수익
즐기다

1. 다음은 한국어 학습 초기에 대해서 회상하면서 쓸 수 있는 표현입니다. 무슨 뜻인지 이야기해 보세요.

> '가, 나, 다, 라' 하다

> 손짓 발짓을 하다

> 번역기를 돌리다

> 고생 끝에 낙이 오다

1-L.mp3

2. 고천 씨가 남편과 이야기합니다. 잘 듣고 질문에 답해 보세요.

1) 고천 씨와 남편은 어느 시절에 대해서 회상하고 있습니까?

_____

2) 고천 씨의 지금 한국 생활은 한국어 학습 초기와 비교하면 어떻습니까? 좋아졌습니까?

_____

3) 들은 내용과 같으면 ○, 다르면 X 하세요.

❶ 남편은 고천 씨가 한국어 공부를 시작한 때를 먼 옛날처럼 느끼고
있다.   (   )

❷ 남편은 고천 씨와의 의사소통을 위해 중국어를 배우고 싶은 마음이
있었다.   (   )

❸ 고천 씨는 한국어를 공부하면서 한 번도 포기하고 싶은 적이 없었다.
                                             (   )

> **단어장**
>
> 회상
> 엊그제
> 꾸준히
> 고진감래
> 고생 끝에 낙이 오다
> 옛말

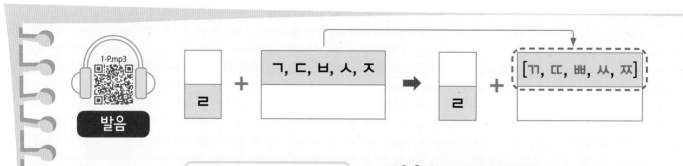

1-P.mp3

발음

| ㄹ | + | ㄱ, ㄷ, ㅂ, ㅅ, ㅈ | ➡ | ㄹ | + | [ㄲ, ㄸ, ㅃ, ㅆ, ㅉ] |

할 걸[할 껄]
쓸수록[쓸쑤록]
만날지[만날찌]

다음을 듣고 따라 읽으세요.

1) 초급부터 공부를 열심히 **할 걸** 그랬어요.

2) 이 제품은 **쓸수록** 더 마음에 드실 거예요.

3) 언제 **만날지** 아직 정하지 않았어요.

1. 다음은 한국 생활 정착 수기 공모전 당선작입니다. 제목에 알맞은 내용을 찾아 이야기해 보세요.

세계인의 날

▌한국 생활 정착 수기 공모전 당선작

최우수상	우수상	장려상
한국 생활 적응의 지름길	제2의 고향	내 인생의 봄날

---

1) … 이렇게 아내와 함께 새로운 삶을 시작한 이곳은 저에게 또 하나의 고향이 되었습니다.

2) 먼 나라에 와서 적응하는 것이 쉬운 일은 아니지만 제 경험으로 봤을 때 쉽고 빠른 방법이 있습니다. 그것은 바로 …

3) 그때는 힘들고 어려운 시간이 영원히 끝나지 않을 것 같아 두려웠습니다. 하지만 긴 겨울이 지나면 …

2. 외국에 살면서 가질 수 있는 느낌에 대해 이야기해 보세요.

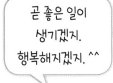
곧 좋은 일이 생기겠지. 행복해지겠지. ^^

친구도 없고… 가족들이 너무 보고 싶어.

이게 뭐지? 궁금하다.

나는 할 수 있어!

이건 처음 보는 건데… 어떻게 사용하는 거지?

기대감	외로움	호기심	자신감	생소함

3. 다음은 이민자의 체험 수기입니다. 잘 읽고 질문에 답해 보세요.

제목 _____

안녕하십니까? 저는 4년 전에 한국에 온 데이비드라고 합니다. 귀여운 아들이 하나 있는 한영 번역자입니다. 저는 어떤 계기로 멀리 한국에 이주하게 되었을까요? 바로 언어에 대한 큰 관심 때문이었습니다. 대학교에서 영문학뿐만 아니라 불어와 라틴어도 꾸준히 공부했습니다. 그래서 대학교 졸업을 앞두고 한국에 올 기회가 생겼을 때 새로운 언어를 배울 수 있다는 기대에 이주할 마음을 먹었습니다.

처음에는 대학교 선배의 소개로 영어 학원에서 일자리를 갖게 되었습니다. 유치원생과 초등학생들에게 영어 기초를 가르치는 것은 꽤 힘든 일이었는데 공부에 열중하는 어린 학생들을 보면서 저도 한국어를 배울 수 있겠다는 용기가 생겼습니다. 가족도 친구도 모두 먼 나라에 두고 왔기 때문에 한국에서 많이 외로웠지만 직장 동료들과 어울리고 한국어를 배우고 동아리 활동도 하면서 인맥을 넓혀 갔습니다. 한국어 실력이 늘수록 한국인 친구도 사귈 수 있게 되었고 한국에 대한 지식도 쌓여 갔습니다. 외로움보다 호기심이 앞서고, 한국 생활에 익숙해지니 자신감도 생겼습니다. 그리고 언어 공부와 한국 친구 덕분에 영어 강사보다 훨씬 적성에 맞는 한영 번역 일을 할 수 있게 되었습니다.

먼 나라에 와서 적응하는 것이 쉬운 일은 아니지만 제 경험으로 봤을 때 지름길이 있습니다. 그것은 바로 호기심입니다. 문화도 언어도 모르는 외국에 나가면 겁이 나는 것은 어쩌면 당연한 일입니다. 그러나 호기심으로 다가서면 상황이 바뀝니다. '모르면 어때? 배우면 되지.'라고 하는 태도가 필요하다는 것입니다. 그런 태도로 낯선 환경을 알아 가려고 노력하면, 자기도 모르는 사이에 외국 생활에 익숙해지고 새로운 기회도 잡게 될 것입니다.

---

1) 윗글의 제목으로 알맞은 것을 고르세요.

❶ 한국 이주 계기와 현재 생활
❷ 적성에 맞는 직업을 찾는 법
❸ 호기심, 한국 생활 적응의 지름길
❹ 한국 생활에서 한국어 실력의 중요성

단어장		
체험 수기	기초	당연하다
번역자	꽤	다가서다
계기	적성에 맞다	상황
이주	겁이 나다	기회를 잡다
마음을 먹다	어쩌면	

2) 시간의 순서대로 번호를 쓰세요.

한국 이주 – 한영 번역 – 대학 졸업 – 한국어 공부 – 영어 학원 강의
(   ) (   ) (1) (   ) (   )

3) 윗글의 내용과 같으면 ○, 다르면 ✕ 하세요.

❶ 이 사람은 한국어를 배운 다음에 한국에 왔다.   (   )
❷ 이 사람은 한국 생활 초기부터 호기심과 자신감이 있었다.   (   )
❸ 이 사람은 누구나 외국 생활에 대해 두려움을 가질 수 있다고 생각한다. (   )

1. 여러분의 한국 생활 초기는 어땠습니까? 한국 생활에 적응하기 위해서 어떻게 했습니까? 지금 생활은 어떻습니까? 다음 표에 메모해 보세요.

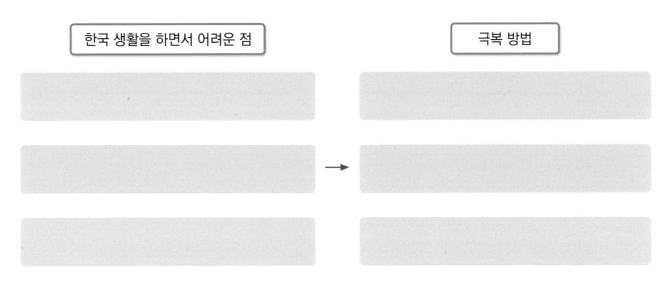

2. '나의 한국 생활 적응'에 대한 글을 써 보세요.

이민자 정착 프로그램

한국에는 이민자들이 잘 정착할 수 있도록 돕는 다양한 프로그램이 있다. 대표적인 예로 '사회통합프로그램', '조기적응프로그램', '다문화가족 방문교육 서비스'가 있다.

'사회통합프로그램'은 이민자가 한국에서 살아가는 데에 필요한 한국어 능력을 키워 주고 한국 사회에 대한 이해를 높여 준다. 이민자라면 누구든지 참여할 수 있다.

'조기적응프로그램'은 이민자가 한국 입국 초기에 참가하는 프로그램으로서, 한국 생활에 빠르게 적응할 수 있도록 돕는 프로그램이다. 이민자 체류 유형에 따라 필요한 내용을 교육한다.

'다문화가족 방문교육 서비스'는 집합 교육에 참가하기 어려운 다문화 가족을 대상으로 한다. 교사가 다문화 가정을 방문하여 한국어를 가르친다. 그리고 다문화 가정 자녀의 학교생활이나 사회 적응에 필요한 도움을 준다.

이러한 이민자 정착 프로그램은 법무부 사회통합정보망 Soci-Net(www.socinet.go.kr)과 여성가족부 다문화 가족 지원 포털 다누리(www.liveinkorea.kr)를 통해서 안내를 받을 수 있다.

1) 한국 내 이민자를 위한 프로그램으로 무엇이 있습니까?
2) 사회통합프로그램과 조기적응프로그램은 어떻게 다릅니까?
3) 여러분이 지금까지 참여한 프로그램을 소개해 보세요.

☐ 부푼 꿈	☐ 환경	☐ 봄날
☐ 설레다	☐ 다행히	☐ 기대감
☐ 뭐든 다 할 수 있을 것 같다	☐ 머리를 감다	☐ 외로움
	☐ 앞만 보고 달리다	☐ 호기심
☐ 해내다	☐ 챙겨 먹다	☐ 자신감
☐ 자신이 있다	☐ 어리다	☐ 생소함
☐ 향수병	☐ 향상되다	☐ 체험 수기
☐ 그립다	☐ 수요	☐ 번역자
☐ 여기저기 뛰어다니다	☐ 승진	☐ 계기
☐ 신기하다	☐ 긍정적이다	☐ 이주
☐ 답답하다	☐ 사업	☐ 마음을 먹다
☐ 낯설다	☐ 수익	☐ 기초
☐ 적응하다	☐ 즐기다	☐ 꽤
☐ 주변을 돌아보다	☐ 고생 끝에 낙이 오다	☐ 적성에 맞다
☐ 여유	☐ 회상	☐ 겁이 나다
☐ 서투르다	☐ 엊그제	☐ 어쩌면
☐ 오해를 받다	☐ 꾸준히	☐ 당연하다
☐ 노하우	☐ 고진감래	☐ 다가서다
☐ 편견	☐ 옛말	☐ 상황
☐ 자리를 잡다	☐ 지름길	☐ 기회를 잡다
☐ 초청하다	☐ 제2의 고향	

2 가족의 변화

어휘: 가족의 형태와 특징

문법: 동 형 -을 뿐만 아니라

　　　동 형 -을 수밖에 없다

활동: 가족의 특징에 대해 말하기

　　　좋아하는 가족의 형태에 대해 쓰기

문화와 정보: 출산 장려 정책

- 이 가족은 어떻게 이루어져 있어요?
- 여러분은 누구와 살고 있어요? 고향에서는 누구와 살았어요?

1. 대가족과 핵가족의 특징을 알아보세요.

대가족

핵가족

- 부모님을 모시고 살다
- 여러 세대가 함께 살다
- 가족 간의 유대가 깊다
- 집안의 중요한 일은 어른들이 결정하다

- 분가해서 살다
- 가사를 분담하다
- 각자의 생활을 존중받다
- 집안의 중요한 일은 가족이 함께 결정하다

2. 현대의 다양한 가족 형태와 특징을 알아보세요.

다문화 가족

맞벌이 부부

1인 가구

한 부모 가족

주말부부

독거노인

- 국제결혼을 하다
- 한쪽 부모와 살다
- 아이를 낳지 않다

- 맞벌이를 하다
- 주말부부로 지내다
- 아이를 입양하다

- 독립하다
- 혼자 살다
- 재혼하다

1 동형 -을 뿐만 아니라

어떤 사실에 더하여 다른 상황도 있음을 나타낼 때 사용한다.

고　천: 잠시드 씨 고향에는 대가족이 많아요?

잠시드: 네. 부모님을 모시고 살 **뿐만 아니라** 여러
세대가 함께 사는 경우도 많아요.

예문

• 가: 부모님 모시고 식사하려고 하는데 분위기 괜찮은
식당을 알아요?

　나: 시청 옆에 있는 식당이 분위기가 좋을 **뿐만 아니라**
음식도 맛있어요.

• 요즘은 결혼하고 맞벌이를 할 **뿐만 아니라** 주말부부로
지내는 경우도 많다.

• 경제적으로 힘들 **뿐만 아니라** 개인 생활을 중시하는
분위기 때문에 결혼하지 않는 사람이 증가하고 있다.

-을 뿐만 아니라	• 먹다	→ 먹을 뿐만 아니라
	• 좋다	→ 좋을 뿐만 아니라
-ㄹ 뿐만 아니라	• 결혼하다	→ 결혼할 뿐만 아니라
	• 모시다	→ 모실 뿐만 아니라
	★ 살다	→ 살 뿐만 아니라

1. 보기 와 같이 친구와 이야기해 보세요.

> 요즘 가족의 형태가 점점
> 다양해지는 것 같아요.

> 네. 대가족이 점점 없어질 뿐만 아니라
> 홀로 사는 노인이 많아지고 있어요.

보기	대가족이 점점 없어지다	+	홀로 사는 노인이 많아지다
1)	맞벌이 부부가 많다	+	집안일을 전업으로 하는 남편이 늘다
2)	성인이 되면 독립하는 사람이 늘다	+	결혼하지 않는 사람이 많다
3)	결혼하면 대부분 분가해서 살다	+	아이를 낳지 않는 부부가 많다
4)	다문화 가족이 증가하다	+	여러 원인으로 한 부모 가족이 증가하다

2. 다음에 대해서 친구와 이야기해 보세요.

• 지금 살고 있는 집
• 다니고 있는 직장
• 고향의 요즘 날씨

> 지금 제가 살고 있는 집은 산이 가까이 있어서
> 전망이 좋을 뿐만 아니라 공기도 좋아요.

단어장

중시하다
증가하다
전업
전망

2 동형 -을 수밖에 없다

다른 방법이나 다른 가능성이 없음을 나타낼 때 사용한다.

고천: 후엔 씨, 아르바이트 찾고 있어요?

후엔: 네, 슬기 교육비 때문에 지출이 늘어서 맞벌이를 할 수밖에 없어요.

예문

• 가: 지난주 수업에 왜 안 왔어요?

  나: 갑자기 출장을 가게 돼서 수업에 빠질 수밖에 없었어요.

• 여러 세대가 함께 사니까 가족 간의 유대가 깊을 수밖에 없다.

• 독거노인이 늘고 있기 때문에 노인 복지에 대한 관심이 증가할 수밖에 없다.

-을 수밖에 없다	• 먹다 → 먹을 수밖에 없다
	• 낳다 → 낳을 수밖에 없다
-ㄹ 수밖에 없다	• 입양하다 → 입양할 수밖에 없다
	• 바쁘다 → 바쁠 수밖에 없다
	★살다 → 살 수밖에 없다

1. 보기와 같이 친구와 이야기해 보세요.

> 가족과 떨어져 살아요?

> 네. 회사가 지방에 있어서 떨어져 살 수밖에 없어요.

보기	가족과 떨어져 살다	회사가 지방에 있다
1)	매일 가계부를 쓰다	식구가 늘고 지출이 많아지다
2)	항상 음식을 조금씩 사다	혼자 살다
3)	육아 휴직을 냈다	아이를 볼 사람이 없다
4)	명절에 음식을 많이 준비하다	대가족이다

2. 다른 방법이 없어서 할 수밖에 없는 일에 대해 친구와 이야기해 보세요.

> 저는 공부를 더 하고 싶지만 돈을 벌어야 해서 취직할 수밖에 없어요.

단어장

(수업에) 빠지다

복지

지방

식구

육아 휴직을 내다

1. 고천 씨와 후엔 씨가 오랜만에 만나서 이야기합니다. 다음 대화처럼 이야기해 보세요.

고천: 후엔 씨, 오랜만이에요. 얼굴 보기가 왜 이렇게 힘들어요?

후엔: 요즘 우리 세 식구는 분가 준비하느라 좀 바빠요. 슬기 교육 때문에 학교랑 학원 근처로 이사 가기로 했어요.

고천: 아, 그랬구나. 그럼 슬기 엄마 아빠 맞벌이하는데 이제 슬기는 누가 봐 줘요?

후엔: 저도 그게 걱정이에요. 시부모님 모시고 살 때는 우리가 일하는 동안 슬기도 봐 주시고 집안일도 도와주셨는데 이제 어떻게 할지 고민 중이에요.

고천: 슬기 아빠하고 가사 분담을 잘해 봐요. 그래도 분가해서 살면 생활비가 적게 들 뿐만 아니라 집안일이 줄어서 전보다 편한 것도 있을 거예요.

후엔: 네, 여러 가지로 생각해 봐야겠어요.

4-2 EBOOK

1) 슬기도 봐 주시고 집안일도 도와주시다 | 생활비가 적게 들다 + 집안일이 줄다

2) 여러 가지로 도움 받을 수 있다 | 개인 시간이 많아지다 + 부부가 모든 일을 결정하다

2. 대가족과 핵가족의 좋은 점에 대해 친구와 이야기해 보세요.

대가족
- 여러 세대가 함께 살아서 가족 간의 유대가 깊다.
- 어려운 일이 있을 때 도움을 받을 수 있는 사람이 많다.

핵가족
- 가족 관계가 평등하고 개인 생활을 존중받을 수 있다.
- 식구가 적어서 경제적인 부담이 적다.

단어장

평등하다
경제적인 부담

1. 요즘 결혼과 출산에 대한 사람들의 생각이 어떻게 변화하고 있습니까?

> 결혼과 출산으로 가족을 이루는 것보다 개인 생활을 중시하는 분위기예요.

> 요즘은 아이를 낳지 않는 부부가 많아지고 있어요.

> 결혼을 하지 않는 사람들이 점점 늘어나는 것 같아요.

2. 제이슨 씨와 이링 씨가 이야기합니다. 잘 듣고 질문에 답해 보세요.

2-L.mp3

1) 제이슨 씨는 얼마 전에 어떤 뉴스를 봤습니까?

_____

2) 들은 내용과 같으면 ○, 다르면 X 하세요.

❶ 이링 씨의 고향에는 아이를 낳지 않는 부부가 많아지고 있디.　　(　　)

❷ 이링 씨는 경제적인 부담 때문에 아이를 낳지 않을 것이다.　　(　　)

❸ 이링 씨는 혼자 사는 것보다 결혼하는 것이 좋다고 생각한다.　　(　　)

3) 제이슨 씨가 원하는 것은 무엇입니까?

_____

> 단어장
>
> **자체**
>
> **맏사위**

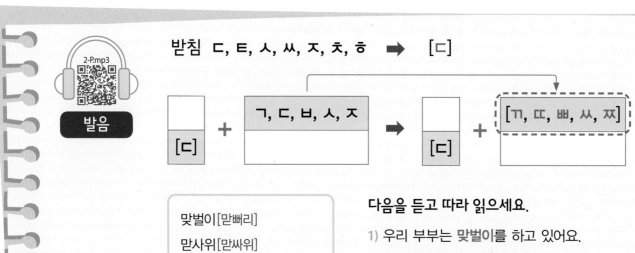

받침 ㄷ, ㅌ, ㅅ, ㅆ, ㅈ, ㅊ, ㅎ ➡ [ㄷ]

2-P.mp3

발음

[ㄷ] + ㄱ, ㄷ, ㅂ, ㅅ, ㅈ ➡ [ㄷ] + [ㄲ, ㄸ, ㅃ, ㅆ, ㅉ]

맞벌이[맏뻐리]
맏사위[맏싸위]
맛집[맏찝]

다음을 듣고 따라 읽으세요.

1) 우리 부부는 **맞벌이**를 하고 있어요.

2) 우리 남편은 **맏사위**이다.

3) **맛집**에는 항상 손님이 많아서 기다려야 한다.

1. 다음 신문 기사의 제목을 보고 과거와 다르게 가족의 형태가 다양해지는 원인을 이야기해 보세요.

"꼭 해야 하나요?" 작년 혼인율 역대 최저	20~40대 10명 중 6명 '결혼이 두렵다'	지난해 이혼율 2년 연속 상승

혼자 벌어서 어떻게 살죠?	100세 시대, 행복한 노후를 위해

- 혼인율이 감소하다
- 결혼 연령이 높아지다
- 이혼율이 증가하다

- 결혼에 대한 가치관이 변화하다
- 여성의 경제 활동이 활발하다
- 평균 수명이 늘다

2. 다음은 가족의 형태와 관련된 신문 기사의 제목입니다. 제목에 맞는 기사 내용을 연결해 보세요.

1인 가구 증가로
소포장 식품 매출 쑥쑥

아픈 자녀와 병원 동행이 어려운 부모를 위해 아이를 데리고 병원에 가 주는 서비스를 시행할 예정이다. 진료뿐만 아니라 검진, 예방 접종도 동행 서비스가 가능하다.

신혼부부 열 쌍 중 네 쌍
"애 안 낳아요"

이렇게 혼자 사는 가구가 점점 늘어나면 우리 사회에 크고 작은 변화가 생길 수밖에 없을 것이다.

맞벌이 부부,
아픈 아이 어떡하죠?

○○시는 사물 인터넷(IoT) 기기를 활용해 일정 시간 동안 움직임이 감지되지 않을 경우 즉시 방문하거나 119에 신고하고 있다.

늘어나는 싱글족,
사회 변화 불가피

요즘 혼자 사는 사람들이 많아지면서 마트나 편의점의 소포장된 식품 판매량이 늘고 있다.

2년간 독거노인 65명 목숨
구한 사물 인터넷(IoT)

신혼부부 열 쌍 중 네 쌍은 아이를 낳지 않는 것으로 조사됐다. 외벌이일수록, 자기 집을 가졌을수록 더 많은 아이를 낳는 것으로 나타났다.

3. 다음은 1인 가구 증가에 대한 신문 기사입니다. 잘 읽고 질문에 답해 보세요.

이민신문 | 20XX. 6. 13.

최근 조사에 따르면 1인 가구가 전체 가구 수의 약 30%를 차지했으며 앞으로도 계속 늘어날 전망이다. 이렇게 1인 가구가 증가하는 원인으로는 결혼에 대한 가치관 변화, 이혼율 증가, 고령화 등을 꼽을 수 있다.

1인 가구가 증가함에 따라 이들을 대상으로 한 상품이 등장하고 이들을 위한 서비스업도 생기기 시작했다. 마트나 편의점에는 1인 가구를 위한 채소나 과일 등 소포장된 상품의 판매량이 증가하고, 생필품이나 가전 제품도 1인 가구에 맞춰 나온 제품들이 인기를 끌고 있다. 이뿐만 아니라 소형 아파트나 오피스텔도 꾸준히 인기를 얻고 있으며, 청소, 장보기, 대여, 짐 보관 등 1인 가구를 위한 서비스업의 규모도 점점 커지고 있다.

이렇게 혼자 사는 가구가 점점 늘어나면서 우리 사회에 크고 작은 변화가 생길 수밖에 없다. 이에 따라 전통적인 가구 형태에 맞춘 정책을 개선해야 한다는 목소리도 커지고 있다. 1인 가구를 위한 주거 지원 정책이나 혼자 사는 노인을 대상으로 하는 돌봄 서비스 등 다양하고 세심한 정책이 시급하다.

1) 이 신문 기사의 제목으로 가장 알맞은 것을 고르세요.

❶ 1인 가구를 위한 서비스 실시

❷ 1인 가구 증가로 소형 아파트 인기

❸ 전체 가구 수의 약 30%가 1인 가구

❹ 1인 가구 증가, 생활에 많은 변화 가져와

2) 1인 가구가 증가하는 원인은 무엇입니까?

_____

3) 윗글의 내용과 다른 것을 고르세요.

❶ 1인 가구는 계속 증가하고 있다.

❷ 소포장된 상품이 늘어나서 1인 가구가 증가했다.

❸ 혼자 사는 사람들을 위한 상품과 서비스가 증가하고 있다.

❹ 혼자 사는 가구를 위한 정책이 필요하다.

단어장

차지하다	정책
고령화	개선하다
꼽다	주거
등장하다	지원
생필품	세심하다
규모	시급하다
전통적	

1. 여러분이 생각하는 대가족과 핵가족의 좋은 점은 무엇입니까?

대가족	핵가족
•	•
•	•
•	•
•	•

2. 여러분은 대가족과 핵가족 중 어떤 가족의 형태가 더 좋습니까? 여러분이 좋아하는 가족의 형태에 대해 써 보세요.

출산 장려 정책

　한국 사회가 안고 있는 큰 문제 중의 하나는 저출산 문제이다. 한국의 합계 출산율은 지속적으로 감소하여 2019년 현재, 1명이 채 되지 않는다. 저출산 현상이 지속되면 경제 활동 인구가 감소하고 노인 부양 부담이 커지는 등의 문제가 발생한다. 이에 정부와 각 지방 자치 단체에서는 출산율을 높이기 위해 출산 장려 정책을 실시하고 있다.

　출산 장려 정책은 다양하므로 자신에게 맞는 혜택을 선택하여 지원받을 수 있다. 대표적인 출산 장려 정책으로는 출산 휴가, 출산 축하금 지급, 다자녀 혜택, 육아 휴직, 육아를 위한 근로 시간 단축, 양육 수당 지원, 임신·출산 진료비 지원, 난임 부부 시술비 지원, 공공요금 할인 등이 있다. 이러한 혜택은 지방 자치 단체별로 차이가 있으므로 거주하고 있는 지역의 혜택을 꼼꼼히 살펴보는 것이 좋다. '정부24' 누리집 (www.gov.kr)에서 연령별, 분야별, 지역별로 생애 주기별 서비스를 안내받을 수 있다.

1) 저출산 현상이 지속되면 어떤 문제가 발생합니까?
2) 한국의 출산 장려 정책으로는 어떤 것들이 있습니까?
3) 아이의 출산 및 양육과 관련하여 여러분 고향에서는 어떤 정책을 실시하고 있습니까?

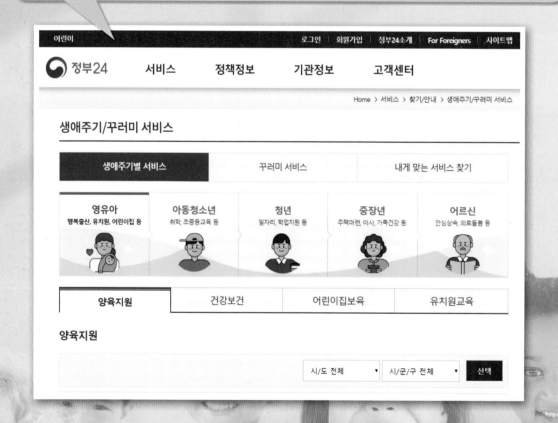

☐ 대가족	☐ 전망	☐ 쑥쑥
☐ 핵가족	☐ (수업에) 빠지다	☐ 시행하다
☐ 부모님을 모시다	☐ 복지	☐ 동행
☐ 세대	☐ 지방	☐ 쌍
☐ 유대가 깊다	☐ 식구	☐ 사물 인터넷(IoT)
☐ 분가하다	☐ 육아 휴직을 내다	☐ 감지되다
☐ 가사를 분담하다	☐ 평등하다	☐ 싱글족
☐ 존중	☐ 경제적인 부담	☐ 불가피
☐ 다문화 가족	☐ 자체	☐ 목숨을 구하다
☐ 맞벌이 부부	☐ 맏사위	☐ 외벌이
☐ 1인 가구	☐ 혼인율	☐ 차지하다
☐ 한 부모 가족	☐ 역대	☐ 고령화
☐ 주말부부	☐ 최저	☐ 꼽다
☐ 독거노인	☐ 감소하다	☐ 등장하다
☐ 국제결혼	☐ 연령	☐ 생필품
☐ 아이를 낳다	☐ 이혼율	☐ 규모
☐ 입양하다	☐ 가치관	☐ 전통적
☐ 독립하다	☐ 변화하다	☐ 정책
☐ 혼자 살다	☐ 경제 활동	☐ 개선하다
☐ 재혼하다	☐ 연속	☐ 주거
☐ 중시하다	☐ 노후	☐ 지원
☐ 증가하다	☐ 평균 수명	☐ 세심하다
☐ 전업	☐ 매출	☐ 시급하다

3 생활 속의 과학

어휘: 생활 속 과학과 기술

문법: 동형-는 줄 알다

　　동-곤 하다

활동: 생활 속 최신 제품에 대해 이야기하기

　　기술 발전으로 인한 생활의 변화를
　　비교하는 글 쓰기

문화와 정보: 온돌

- 이 사람들은 무엇을 하고 있어요?
- 여러분이 알고 있는 최신 제품에는 무엇이 있어요?

1. 다음을 보고 무엇인지 이야기해 보세요.

인공 지능(AI)

로봇 청소기

인공 지능 스피커

자율 주행차

스리디(3D) 프린터

드론

가상 현실(VR) 게임

무인 편의점

모바일 앱

2. 여러분은 최신 기능이 있는 생활 제품이나 장소를 알고 있어요? 어떤 점이 편리해요?

- 무인 편의점
- 길 찾기 앱
- 드론

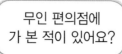

무인 편의점에 가 본 적이 있어요?

네. 줄을 서지 않고 빠르게 계산할 수 있어서 좋아요.

1 동 형 –는 줄 알다

어떤 사실을 그러한 것으로 알고 있음을 나타낼 때 사용한다.

잠시드: 무인 편의점 알아요? 어제 편의점에 갔는데 주인이 없어서 당황했어요.

제이슨: 신기하죠? 저도 처음 갔을 때 사람이 있는 줄 알았어요.

예문
- 가: 젊어 보여서 저보다 나이가 적은 줄 알았어요.

  나: 네, 가끔 그런 이야기를 들어요.

- 어제 본 시험이 너무 어려워서 떨어진 줄 알았어요.

- 인터넷에서 사진만 보고 가방이 큰 줄 알았어요.

–는 줄 알다	• 먹다 → 먹는 줄 알았어요
	• 오다 → 오는 줄 알았어요
	★ 만들다 → 만드는 줄 알았어요
–은 줄 알다	• 작다 → 작은 줄 알았어요
	• 좋다 → 좋은 줄 알았어요
–ㄴ 줄 알다	• 싸다 → 싼 줄 알았어요
	• 빠르다 → 빠른 줄 알았어요

Tip 명사일 때 '명인 줄 알다'를 사용한다.

---

1. 어떤 사실을 잘못 알고 있었을 때 어떻게 말해요? 보기와 같이 이야기해 보세요.

> 이 차는 자율 주행차예요.

> 이게 자율 주행차예요?
> 저는 사람이 직접 운전하는 줄 알았어요.

보기	이 차는 자율 주행차다	O	사람이 직접 운전하다	X
1)	시험이 다음 주에 있다	O	시험을 오늘 보다	X
2)	라민 씨는 매운 음식을 좋아하다	O	매운 음식을 못 먹다	X
3)	휴가라서 고향에 다녀왔다	O	요즘 안 보여서 많이 바쁘다	X
4)	제이슨 씨와 애나 씨는 회사 동료다	O	제이슨 씨와 애나 씨가 사귀다	X

---

2. 한국에 오기 전에 한국에 대해서 어떻게 알고 있었어요? 친구들과 이야기해 보세요.

- 음식
- 사람
- 집(집 구하기)

> 한국 음식은 다 매운 줄 알았어요.
> 그런데 안 매운 음식도 많네요.

2 동-곤 하다

같은 상황이나 행위가 반복됨을 나타낼 때 사용한다.

아나이스: 휴대 전화에 길 찾기 앱이 있으니까 여행할 때
참 편리한 것 같아요.

라   민: 맞아요. 길 찾기 앱이 나오기 전에는 지도를
가지고 다니면서 길을 찾곤 했어요.

예문

• 가: 고향 집에 자주 전화하는 편이에요?

  나: 예전에는 시간 날 때마다 전화하곤 했는데
  요즘에는 바빠서 잘 못 해요.

• 수업 시간에 가끔 다른 생각을 하곤 해요.

• 저는 일할 때 졸리면 커피를 마시곤 해요.

-곤 하다	• 먹다	→ **먹곤 해요**
	• 보다	→ **보곤 해요**
	• 듣다	→ **듣곤 해요**
	• 산책하다	→ **산책하곤 해요**

1. 여러분은 예전에 어땠어요? 요즘은 어떤 점이 달라졌어요? **보기**와 같이 바꿔 보세요.

> 예전에는 버튼을 직접 눌러서 스피커를 켜곤 했어요.
> 요즘에는 인공 지능 스피커에 말을 해서 켜요.

예전 ┄┄┄┄➤ **요즘**

	보기 버튼을 직접 눌러서 스피커를 켜다	인공 지능 스피커에 말을 해서 켜다
1)	사람이 직접 청소기를 돌리다	로봇 청소기가 혼자 청소하다
2)	물건을 살 때 꼭 돈을 챙겨 가다	휴대 전화만 가져가다
3)	주말마다 고향 음식을 요리하다	배달 앱으로 간편하게 음식을 주문하다
4)	밤에 야식을 자주 먹다	건강을 위해서 운동을 하다

2. 여러분은 이럴 때 무엇을 해요? '-곤 하다'를 사용하여 친구들과 이야기해 보세요.

• 스트레스를 받을 때
• 고향 생각이 날 때
• 친구를 만나서 놀 때

> 저는 스트레스를 받을 때 휴대 전화로 게임을
> 하곤 해요. 그러면 스트레스가 풀려요.

1. 고천 씨와 후엔 씨가 로봇 청소기를 보면서 이야기합니다. 다음 대화처럼 이야기해 보세요.

고천: 후엔 씨, 어서 오세요. 여기 소파에 앉아서 차 한 잔 하세요.

후엔: 네, 고마워요. 그런데 고천 씨 옆에 있는 그건 뭐예요?

고천: 아, 이건 로봇 청소기예요. 이번에 새로 나와서 샀어요.

후엔: 아, 그래요? 저는 체중계인 줄 알았어요. 사용해 보니까 어때요?

고천: 버튼만 누르면 청소가 돼서 아주 편리해요. 로봇 청소기가 없을 때는 힘들게 청소하곤 했는데……

후엔: 그러게요. 세상 참 좋아졌어요. 손가락 하나로 집 안 청소를 다 할 수 있고요. 저도 하나 구입하고 싶어요.

4-3 EBOOK

1) 로봇 청소기 ┃ 체중계

버튼만 누르면 청소가 되다, 로봇 청소기가 없을 때는 힘들게 청소하다 ┃
손가락 하나로 집 안 청소를 다 할 수 있다

2) 인공 지능 스피커 ┃ 공기 청정기

전자 제품을 말로 켤 수 있다, 예전에는 전자 제품의 버튼을 눌러서 켜거나 끄다 ┃
목소리로 집 안 전자 제품을 모두 조종할 수 있다

2. 다음 최신 제품의 장점에 대해 친구와 이야기해 보세요.

최신 제품	장점
• 휴대 전화 번역기 앱	• 번역이 필요할 때 다른 나라의 언어로 바꿀 수 있다.
• 가상 현실(VR) 게임	• 실제로 하는 것 같은 경험을 할 수 있다.

단어장

체중계
공기 청정기
조종하다

1. 여러분은 '인공 지능(AI)'이라고 하면 무엇이 생각납니까? 인공 지능이 병원에서는 어떻게 활용되고 있을까요?

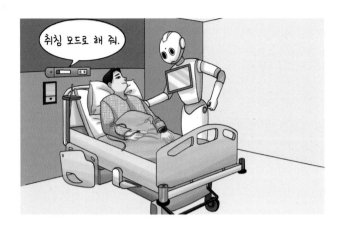

인공 지능 스피커가 환자에게
안내 서비스를 제공해요.

인공 지능이 엑스레이(X-ray)
영상을 분석해요.

2. 방송에서 사회자와 기자가 이야기합니다. 잘 듣고 질문에 답해 보세요.

3-L.mp3

1) 병원에서 인공 지능이 하는 일이 <u>아닌</u> 것은 무엇입니까?

❶ 환자를 직접 치료한다.

❷ 환자의 아픈 곳을 찾아 준다.

❸ 환자의 치료 빙법을 알려 준다.

❹ 환자를 진료한 후 결과를 분석한다.

2) 들은 내용과 같으면 ○, 다르면 X 하세요.

❶ 인공 지능 때문에 의사의 일자리가 줄어든다.　　　　(　　　)

❷ 의사는 인공 지능이 분석한 자료를 활용하여 치료 방법을 찾는다.　(　　　)

3) 병원에서 인공 지능을 이용하면 환자에게 좋은 점이 무엇입니까?

_____

단어장

치료하다
수집하다
분석하다
활용하다

3-P.mp3

발음

외래어 표기에는 된소리(ㄲ, ㄸ, ㅃ, ㅆ, ㅉ)를 쓰지 않는 것이 원칙이다. 그러므로 실제 발음과
표기에 약간의 차이가 있을 수 있다.

게임[께임]
버스[뻐스]
사인해 주세요[싸인해 주세요]

다음을 듣고 따라 읽으세요.

1) 휴대 전화로 **게임**을 많이 해요.

2) **버스** 정류장이 어디에 있어요?

3) 사장님, 여기 서류에 **사인해 주세요**.

1. 다음은 우리의 생활에 어떤 변화를 가져왔습니까? 이야기해 보세요.

하늘 위를 나는 소방차~
드론!

사람 대신~
지능형 로봇!

집 안의 모든 전자 제품을
내 손안에서~
사물 인터넷!

알아서 척척~
구석구석 깨끗하게~
로봇 청소기!

운전 중 휴식을~
자율 주행!

거실에서 축구를 즐기다
가상 현실!

2. 다음 단어와 관련 있는 문장을 연결해 보세요.

1) 응답하다 •

2) 제어하다 •

3) 체험하다 •

4) 작동하다 •

• 시작 버튼을 눌러 로봇 청소기를 **움직이게 한다.**

• 인공 지능은 사람들이 말로 질문하면 듣고 **대답한다.**

• 휴대 전화 하나로 집 안의 모든 가전 기기를 **조종할 수 있다.**

• 가상 현실(VR) 카페에서는 가상 현실을 **직접 경험할 수 있다.**

3. 다음은 과학 기술 발전에 대한 글입니다. 잘 읽고 질문에 답해 보세요.

과학 기술의 발전과 생활의 편리함

우리 사회는 끊임없이 발전하고 있다. 사람들은 더 나은 삶을 위해 새로운 것을 개발하고 기술을 발전시킨다. 최근에는 현실과 가상의 세계, 그리고 모든 사물을 하나로 연결하려는 움직임이 나타나고 있다. 예전에는 사람이 직접 모든 일을 하곤 했지만 요즘은 과학 기술이 사람의 일을 대신해 준다. 어떠한 기술이 이런 일을 가능하게 만들어 줄까?

인공 지능은 음성으로 정보 검색이 가능하다. 인공 지능 스피커는 궁금한 것을 말하면 알아서 대답해 준다. (㉠) 오늘의 날씨나 일정 등을 물어보면 바로 응답한다. 또한 최근 많이 사용되는 로봇 청소기 외에 의료 분야에서도 로봇이 주목받고 있다. 실버 로봇은 몸이 불편한 노인들의 식사와 샤워를 돕기도 한다. 사물 인터넷(IoT)은 휴대 전화 하나로 집 안의 모든 것을 제어할 수 있다. (㉡) 휴대 전화로 불을 켜거나 끄고 창문을 열거나 닫을 수 있다. 가상 현실은 우리가 실제처럼 보고, 듣고, 느낄 수 있게 하는 기술이다. 집에서도 가상 현실(VR) 기기를 이용해서 가고 싶은 관광지를 가상 현실 속에서 체험할 수 있다.

그동안 기술의 개발과 발전은 우리의 삶을 편리하게 만들어 왔다. 이제 사람들은 새로운 기술이 앞으로의 사회를 어떻게 바꾸어 갈지 기대하고 있다.

1) 윗글의 중심 생각은 무엇입니까?

❶ 휴대 전화로 모든 집안일을 한다.

❷ 우리 사회를 끊임없이 발전시켜야 한다.

❸ 최근에는 다양한 곳에서 로봇을 사용한다.

❹ 과학 기술의 발전은 생활을 편리하게 만들었다.

2) 윗글의 내용과 같으면 ○, 다르면 X 하세요.

❶ 가상 현실은 직접 체험을 하는 활동이다. (   )

❷ 로봇은 몸이 불편한 사람의 일을 도와준다. (   )

❸ 휴대 전화로 집 안의 전자 기기를 작동한다. (   )

3) ㉠과 ㉡의 빈칸에 공통으로 들어갈 말은 무엇입니까?

❶ 이에 반해   ❷ 예를 들어   ❸ 이와 비교하면   ❹ 그럼에도 불구하고

단어장

끊임없이
발전하다
개발하다
음성
주목받다
기대하다

1. 생활 속에서 우리에게 편리함을 주는 제품에는 무엇이 있습니까? 그 제품이 나오기 전과 후의 우리 생활이 어떻게 다릅니까?

제품	나오기 전	나온 후
세탁기	•시간이 오래 걸리고 많은 양의 물이 필요했다. •손으로 직접 빨래를 하니까 허리와 어깨가 아파서 너무 힘들었다.	•빨래를 세탁기에 돌리고 다른 일을 할 수 있어서 시간을 절약할 수 있다.

2. 과학 기술의 발전으로 우리의 생활에 어떤 변화가 있었습니까? 우리에게 편리함을 주는 제품이 나오기 전과 후를 비교하는 글을 써 보세요.

온돌

온돌은 한국의 전통적인 난방 방식이다. 온돌은 불을 때는 아궁이, 아궁이에서 나온 열기로 방을 따뜻하게 만드는 구들(방바닥 아래에 까는 넓은 돌), 연기가 밖으로 빠져나가는 통로인 굴뚝으로 이루어진다.

온돌은 구들이 오랫동안 온기를 지니기 때문에 한국 사람들은 춥고 긴 겨울밤에도 추위를 견딜 수 있었다. 이뿐만 아니라 아궁이 위에 솥을 걸어 놓고 밥을 하거나 아궁이 불을 이용하여 요리를 할 수 있기 때문에 온돌은 일석이조이다.

이렇게 온돌에 익숙해진 한국 사람들은 지금도 방바닥을 데우는 방식으로 난방을 하고 있다. 다만 전과는 다르게 아궁이에 불을 때는 방식이 아니라 보일러를 이용하여 뜨거운 물이 방바닥 아래를 흐르게 하는 방식을 쓰고 있다.

1) 온돌의 구조를 간단하게 설명해 보세요.
2) 온돌과 현대 한국인의 난방 방식의 공통점과 차이점은 무엇입니까?
3) 여러분 고향에서는 난방 또는 냉방을 어떻게 합니까?

배운 어휘 확인

- [ ] 인공 지능(AI)
- [ ] 로봇 청소기
- [ ] 인공 지능 스피커
- [ ] 자율 주행차
- [ ] 스리디(3D) 프린터
- [ ] 드론
- [ ] 가상 현실(VR) 게임
- [ ] 무인 편의점
- [ ] 모바일 앱
- [ ] 체중계
- [ ] 공기 청정기
- [ ] 조종하다
- [ ] 치료하다
- [ ] 수집하다

- [ ] 분석하다
- [ ] 활용하다
- [ ] 지능형
- [ ] 사물 인터넷(IoT)
- [ ] 응답하다
- [ ] 제어하다
- [ ] 체험하다
- [ ] 작동하다
- [ ] 끊임없이
- [ ] 발전하다
- [ ] 개발하다
- [ ] 음성
- [ ] 주목받다
- [ ] 기대하다

4 한국의 의례

어휘: 한국의 의례

문법: 동형-더니
　　　동형-은 나머지

활동: 결혼식 절차 말하기
　　　특별한 날에 대해 쓰기

문화와 정보: 성년의 날

- 이 사람들은 어디에 갔어요?
- 여러분도 이러한 의례에 참석한 적이 있어요?

1. 한국의 결혼식장에서는 누가 무엇을 해요? 이야기해 보세요.

사회자 · 주례 · 결혼식장 · 하객 · 신랑 · 신부

축의금을 내다 · 피로연을 하다 · 폐백을 하다

2. 한국의 장례식장에서는 누가 무엇을 해요? 이야기해 보세요.

빈소 · 장례식장 · 고인 · 영정 · 조문객 · 조문하다 · 조의금을 내다 · 상주 · 상을 당하다 · 상복을 입다

1 동 형 -더니

과거에 관찰해서 알게 된 사실에 이어진 행동이나 상황을 나타낸다.

안젤라: 이링 씨, 잠시드 씨에게 친구를 소개해 줬어요?

이 링: 네. 잠시드 씨가 제 친구를 **보더니** 마음에 든다고 했어요.

예문

• 가: 라흐만 씨는 어디에 갔어요?

  나: 잘 모르겠어요. 방금 문자를 **확인하더니** 밖으로 나갔어요.

• 슬기는 갑자기 밥을 많이 **먹더니** 배탈이 났다.

• 지난주에는 날씨가 **무덥더니** 이번 주에는 시원해졌다.

-더니	
• 읽다	→ **읽더니**
• 좋다	→ **좋더니**
• 들어오다	→ **들어오더니**
• 아프다	→ **아프더니**

1. **보기**와 같이 친구와 이야기해 보세요.

애나 씨한테 무슨 좋은 일이 있어요?

네. 애나 씨가 2년 동안 장거리 연애를 하더니 드디어 결혼하네요.

	이름	이전의 행동이나 상황	현재의 행동이나 상황
보기	애나	2년 동안 장거리 연애를 하다 ➡	드디어 결혼하다
1)	후엔	열심히 돈을 모으다 ➡	좋은 집으로 이사하다
2)	라민	열심히 공부하다 ➡	장학금을 받다
3)	안젤라	성실하게 근무하다 ➡	동기들보다 먼저 승진하다
4)	잠시드	작년에는 한국어를 잘 못하다 ➡	올해에는 한국어를 유창하게 하다

2. 우리 반 친구들에게 어떤 변화가 생겼는지 '-더니'를 사용해서 이야기해 보세요.

제이슨 씨는 여행을 많이 다니더니 여행 책을 냈어요.

단어장

무덥다
동기
승진하다
유창하다

2 동형 -은 나머지

앞의 상태나 행동의 결과로 뒤의 내용이 일어났음을 말할 때 사용한다.

예문

• 가: 면접시험은 잘 보고 왔어요?

　나: 아니요. 너무 **긴장한 나머지** 아무것도 생각나지
　　　않았어요

• 라민은 너무 **지친 나머지** 공부를 그만두고 고향에
　돌아갈 생각까지 했었다.

• 물건을 훔치려던 사람은 갑자기 나타난 경찰을 보고
　당황한 나머지 넘어졌다.

-은 나머지	• 받다 → **받은 나머지**
	• 귀찮다 → **귀찮은 나머지**
-ㄴ 나머지	• 놀라다 → **놀란 나머지**
	★힘들다 → **힘든 나머지**

박민수: 친구 아버님 장례식장에는 잘 다녀왔어요?

라흐만: 네. 제 친구는 너무 **슬픈 나머지** 울음을 멈추지
　　　　못했어요.

---

1. 그림을 보고 **보기** 와 같이 친구와 이야기해 보세요.

요즘 젊은이들이
도전을 안 한대요.

보기

요즘 젊은이들, 실패를
두려워해 도전을 안 해

네. 실패를 두려워한 나머지
도전을 안 한다고 하네요.

요즘 젊은이들　　　실패를 두려워하다　　도전을 안 하다

1)

영화배우 A씨,
영화 촬영으로 과로해
결국 병원에 입원

영화배우

영화 촬영으로 과로하다

결국 병원에 입원하다

2)

주민들, 태풍 때문에
불안해 밤에 한숨도 못 자

주민들

태풍 때문에 불안하다

밤에 한숨도 못 잤다

3)

고3 학생들,
시험 때문에 스트레스를
받아 우울증 걸려

고3 학생들

시험 때문에 스트레스를 받다

우울증에 걸리다

---

2. 여러분은 다음과 같은 상황에서 한 일이 있어요? 친구들과 이야기해 보세요.

• 시험 합격
• 공연 관람
• 과식

저는 시험 합격 소식에 너무나 기쁜 나머지
눈물까지 났어요.

단어장

촬영하다
과로하다
우울증

1. 이링 씨와 안젤라 씨가 결혼식에 간 경험을 이야기합니다. 다음 대화처럼 이야기해 보세요.

이　링: 안젤라 씨, 주말에 뭐 했어요?

안젤라: 지난번에 같이 만난 지민 씨 기억나요?
　　　　그 친구 결혼식에 다녀왔어요.

이　링: 아, 네. 지민 씨가 오랫동안 연애를 하더니
　　　　드디어 결혼했네요. 결혼식은 어땠어요?
　　　　저는 한국에서 결혼식에 아직 못 가 봤어요.

안젤라: 음, 먼저 하객들은 결혼식장에 들어갈 때
　　　　축의금을 냈어요. 그리고 신랑, 신부 어머니들이 촛불을 켜면서 결혼식을 시작했어요.

이　링: 촛불을 켜는 게 신기하네요. 그다음에 신랑, 신부가 입장하고 혼인 서약을 했겠죠?

안젤라: 네. 그리고 주례사 이후에 신랑이 축가를 불렀고요. 그런데 신랑이 너무 긴장한 나머지
　　　　노래 가사를 잊어버렸어요. 하객들은 신랑의 그런 모습에 계속 웃었고요.

이　링: 그랬군요. 다음에 지민 씨를 만나면 축하해 줘야겠네요.

4-4 EBOOK

1) 오랫동안 연애를 하다, 드디어 결혼하다 ｜ 신랑이 너무 긴장하다, 노래 가사를 잊어버렸다

2) 올해 안에 결혼하고 싶다고 하다, 결혼하다 ｜ 신랑이 너무 신나다, 노래를 부르면서 춤을 췄다

2. 아래 상황에 맞게 결혼식에 대해 묻는 사람과 결혼식에 다녀온 사람이 되어 대화해 보세요. 그리고 여러분의 경험도 이야기해 보세요.

결혼식에 대한 정보 묻기

- 결혼식은 어떻게 진행되나요?
- 결혼식의 어떤 부분이 인상적이었어요?

결혼식에 다녀온 경험 말하기

- 화촉 점화 → 신랑, 신부 입장 → 혼인 서약 → 주례사 → 축가 → 신랑, 신부 행진
- 신랑과 신부가 부모님께 감사의 편지를 읽는 것, 신랑의 부모님께 폐백을 드리는 것

단어장
혼인 서약
축가

1. 여러분은 한국에서 장례식장에 가 본 적이 있습니까? 다음의 문자 메시지는 무슨 소식을 전하는 것인지 이야기해 보세요.

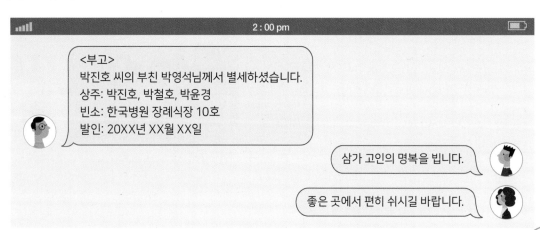

2. 아나이스 씨와 한국인 친구가 이야기합니다. 잘 듣고 질문에 답해 보세요.

1) 장례식장에 갈 때는 어떤 색의 옷을 입는 게 좋습니까?

_____

2) 빈소 안에서 하는 행동을 순서에 맞게 써 보세요.

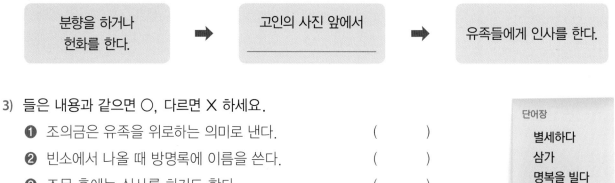

3) 들은 내용과 같으면 ○, 다르면 X 하세요.
   ❶ 조의금은 유족을 위로하는 의미로 낸다.　　　(　　)
   ❷ 빈소에서 나올 때 방명록에 이름을 쓴다.　　　(　　)
   ❸ 조문 후에는 식사를 하기도 한다.　　　(　　)

단어장
별세하다
삼가
명복을 빌다

단어 첫음절 이외의 '의' → [의], [이]

조의금 ➡ [조의금, 조이금]

조의금[조의금, 조이금]
축의금[추긔금, 추기금]
예의[예의, 예이]

다음을 듣고 따라 읽으세요.

1) 장례식장에 갈 때는 **조의금**을 준비하세요.
2) 친구 결혼식장에서 **축의금**을 냈어요.
3) 장례식장에서는 **예의**를 지켜야 돼요.

1. 다음은 어떤 행사인지 맞는 것과 연결하고 이야기해 보세요.

백일잔치

돌잔치

회갑연/환갑잔치

고희연/칠순 잔치

아기의 첫 번째 생일을 축하하고 아기의 장래를 추측함

일흔 번째 생일을 축하하고 기뻐함

아기가 태어난 지 백 일째 되는 날을 축하함

예순 번째 생일을 축하하고 건강과 장수를 기원함

2. 다음은 어떤 행사의 초대장과 순서지입니다. 어떤 행사인지, 이 행사에서 무엇을 할지 이야기해 보세요.

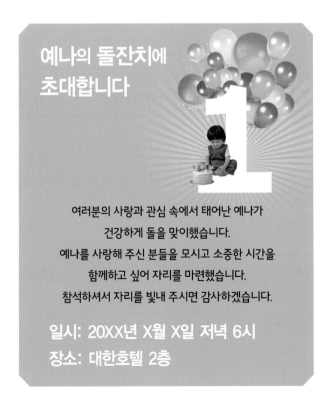

예나의 돌잔치에 초대합니다

여러분의 사랑과 관심 속에서 태어난 예나가
건강하게 돌을 맞이했습니다.
예나를 사랑해 주신 분들을 모시고 소중한 시간을
함께하고 싶어 자리를 마련했습니다.
참석하셔서 자리를 빛내 주시면 감사하겠습니다.

일시: 20XX년 X월 X일 저녁 6시
장소: 대한호텔 2층

돌잔치 순서

- 아빠 엄마의 감사 인사
- 예나와 함께한 1년 영상 보기
- 돌잡이
- 기념사진 촬영
- 식사

3. 다음은 가족 행사에 대한 글입니다. 잘 읽고 질문에 답해 보세요.

가족 행사

지난달에는 가족 행사가 많았다. 작년에 태어난 조카는 돌을 맞았고 시어머니도 예순한 살이 되셔서 우리 가족은 큰 생일잔치를 두 번이나 치렀다. 남편은 이 두 생일이 한국에서는 의미 있는 가족 행사 중 하나라고 했다.

돌잔치에서는 오랜만에 친척들을 볼 수 있어서 반가웠다. 그리고 무엇보다도 재미있는 것은 아기의 장래를 추측하는 돌잡이 행사였다. 예를 들어 아기가 실을 잡으면 장수하고, 돈이나 쌀을 잡으면 부자가 되고, 연필을 잡으면 공부를 잘할 거라고 추측한다. 친척들은 조카가 돈이나 연필을 잡기를 바랐다. 그런데 우리 조카는 마이크를 잡아서 모두 웃었다. 조카가 나중에 유명한 가수가 되면 좋겠다.

얼마 있다가 우리 가족은 시어머니의 환갑잔치도 치렀다. 맛있는 음식도 먹고 자녀들, 손주들이 다 같이 부모님께 절을 올렸다. 시어머니께서는 너무나 감격한 나머지 눈물을 흘리시기도 했다. 또 우리는 환갑 여행도 보내 드렸는데 부모님은 여행을 다녀오시더니 너무 좋았다고 하셨다. 시어머니의 모습을 보니 고향에 계신 부모님 생각이 더 났다. 우리 부모님 환갑 때도 찾아뵙고 축하를 해 드려야겠다.

행사가 많아서 분주했지만 조카에게는 사랑을, 부모님께는 효도의 마음을 표현할 수 있는 한 달을 보냈다. 가족들의 건강과 장수를 기원하는 한국의 풍습이 참 정겹게 느껴진다.

1) 조카가 잡은 돌잡이 물건과 그 물건이 가지는 의미를 써 보세요.

물건: _____   의미: _____

2) 한국인의 특별한 생일에 대한 내용으로 맞지 <u>않는</u> 것은 무엇입니까?

❶ 돌잡이를 통해서 아기의 미래를 예상한다.

❷ 돌잔치 때는 가족들이 다 함께 여행을 간다.

❸ 환갑잔치로 부모님께 효도의 마음을 표현한다.

❹ 건강하고 오래 살기 바라는 풍습이다.

3) 시어머니 환갑 때 한 일이 <u>아닌</u> 것은 무엇입니까?

❶ 시어머니를 위해 잔치를 열었다.

❷ 시어머니께 절을 했다.

❸ 시어머니께 노래를 불러 드렸다.

❹ 시어머니를 위해 여행을 보내 드렸다.

단어장

치르다
감격하다
분주하다
효도
정겹다

1. 여러분 고향의 사람들에게는 어떤 날이 특별합니까? 그날에 대해서 써 보세요.

특별한 날

의미

하는 일

2. 여러분 고향의 특별한 날에 대해서 써 보세요.

성년의 날

예로부터 한국에서는 아이가 성년이 된 것을 기념하여 축하하는 행사를 가졌다. 과거에는 '관례, 계례'라는 의식을 행했는데 남자는 15~20세 사이에 상투를 올리고, 여자는 15세가 되면 비녀를 꽂았다. 이의식을 가지면 성인으로 인정을 받았다.

현대 한국에서는 매년 5월 셋째 월요일을 성년의 날로 정하여 만 19세가 되는 젊은이들이 성인이되었음을 알린다. 그렇지만 요즘은 성년의 날이 오면 특별한 행사에 참여하는 사람보다는 친구들끼리선물을 주고받으며 축하하는 사람들이 더 많다.

만 19세가 되면 성인으로서 권리와 의무, 책임을 갖게 된다. 음주나 흡연이 가능하고 부모의 동의가없어도 결혼할 수 있다. 신용 카드와 휴대 전화도 자신의 이름으로 가질 수 있고 사업자 등록도 할 수 있게된다. 할 수 있는 것이 많아지면서 법을 지키지 않았을 때의 책임도 커진다.

1) 한국에서 성년의 날은 어떻게 변화했습니까?
2) 성년이 되면 갖게 되는 권리와 의무는 무엇입니까?
3) 여러분 고향에서는 성년이 된 것을 어떻게 기념합니까?

5월

일요일	월요일	화요일	수요일	목요일	금	
		1	2	3	4	
6	7	8	9	10	11	12
13	14	15	16	17	18	19
20	21 성년의 날	22	23	24	25	26
27	28	29	30	31		

성년을 축하

성년의 날,
축하합니다!

- ☐ 결혼식장
- ☐ 신랑
- ☐ 신부
- ☐ 주례
- ☐ 사회자
- ☐ 하객
- ☐ 축의금을 내다
- ☐ 피로연을 하다
- ☐ 폐백을 하다
- ☐ 장례식장
- ☐ 빈소
- ☐ 고인
- ☐ 영정
- ☐ 조문객
- ☐ 상주
- ☐ 조문하다
- ☐ 조의금을 내다
- ☐ 상을 당하다
- ☐ 상복을 입다
- ☐ 무덥다
- ☐ 동기
- ☐ 승진하다

- ☐ 유창하다
- ☐ 촬영하다
- ☐ 과로하다
- ☐ 우울증
- ☐ 혼인 서약
- ☐ 축가
- ☐ 별세하다
- ☐ 삼가
- ☐ 명복을 빌다
- ☐ 백일잔치
- ☐ 돌잔치
- ☐ 회갑연/환갑잔치
- ☐ 고희연/칠순 잔치
- ☐ 장래를 추측하다
- ☐ 장수를 기원하다
- ☐ 자리를 빛내다
- ☐ 돌잡이
- ☐ 치르다
- ☐ 감격하다
- ☐ 분주하다
- ☐ 효도
- ☐ 정겹다

5 문화유산

어휘: 문화유산 관련 어휘

문법: 얼마나 동형-는지 모르다

　　　동형-든지

활동: 문화유산 볼 수 있는 장소 추천하기

　　　문화유산 소개하는 글 쓰기

문화와 정보: 아리랑

경주 불국사

한라산 백록담

훈민정음 해례본

- 이곳에서 무엇을 볼 수 있어요?
- 여러분은 어떤 문화유산을 알고 있어요?

1. 여러분은 이것에 대해 들었거나 본 적이 있어요? 다음을 보고 한국의 문화유산에 대해 이야기해 보세요.

| 창덕궁 | 불국사 | 훈민정음 해례본 | 판소리 | 성산 일출봉 |

| 문화유산 | 자연 유산 | 무형 유산 | 기록 유산 |
| 문화재 | 유적지 | 유물 |

2. 다음 문화유산을 어떻게 소개할 수 있어요? 이야기해 보세요.

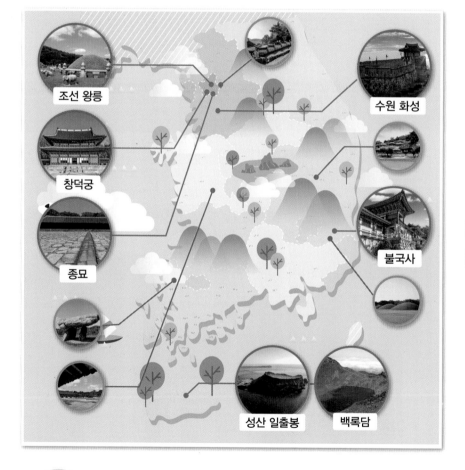

조선 왕릉
수원 화성
창덕궁
종묘
불국사
성산 일출봉   백록담

- 조선 시대의 궁궐
- 산 정상에 있는 호수
- 신라 시대의 사찰
- 왕의 제사를 모신 곳
- 조선 시대 왕의 무덤
- 바다 위의 큰 화산섬
- 조선 시대의 성곽

수원 화성은 어떤 곳이에요?

조선 시대의 성곽이에요.

1 얼마나 [동][형]-는지 모르다

어떤 사실이나 생각, 느낌이 매우 그렇다고 강조해서 말할 때 사용한다.

예문

- 가: 한글이 과학적인 글자예요?

  나: 네, 얼마나 과학적으로 만들어졌는지 몰라요.

- 남산 타워 야경이 얼마나 화려한지 몰라요.

- 경주에 옛 유물이 얼마나 많은지 몰라요.

-는지 모르다	· 가다	→ 가는지 모르다
	· 조심하다	→ 조심하는지 모르다
	★ 살다	→ 사는지 모르다
-은지 모르다	· 넓다	→ 넓은지 모르다
	· 좋다	→ 좋은지 모르다
-ㄴ지 모르다	· 신기하다	→ 신기한지 모르다
	· 다르다	→ 다른지 모르다

정아라: 요즘 외국인 관광객들에게 한옥 체험이 얼마나 인기 있는지 몰라요.

잠시드: 그렇군요. 기회가 있을 때 저도 꼭 해 보고 싶네요.

---

1. 보기 와 같이 친구와 이야기해 보세요.

> 창덕궁에 관광객이 많아요?

> 네, 관광객이 얼마나 많이 방문하는지 몰라요.

보기	창덕궁에 관광객이 많다	정말 많이 방문하다
1)	판소리 공연을 본 적이 있다	요즘 노래와 너무 다르다
2)	시험이 모두 끝났다	마음이 무척 가벼워졌다
3)	한국의 옛 궁궐의 모습을 봤다	내부가 매우 웅장하다
4)	휴가를 재미있게 보냈다	고향 친구들과 정말 재미있게 보냈다

---

2. 우리 반 친구들의 장점에 대해 '얼마나 –는지 모르다'를 사용해서 이야기해 보세요.

> 이링 씨가 얼마나 요리를 잘하는지 몰라요.
> 지난번에 이링 씨가 빵을 만들어 와서 먹어 봤는데
> 정말 맛있었어요!

단어장

웅장하다

2 동 형 -든지

어떤 것을 선택해도 관계없음을 말할 때 사용한다.

예문

- 가: 고향에 돌아가도 계속 연락하고 지내요.
  나: 물론이지요. 이메일을 하든지 에스엔에스(SNS)로 메시지를 보내든지 할게요.
- 한글 박물관은 실내니까 비가 오든지 안 오든지 아무 때나 가도 돼요.
- 유물은 크기가 작든지 크든지 모두 역사적인 가치가 있다.

-든지	
마시다 →	마시든지
쓰다 →	쓰든지
눕다 →	눕든지
찾다 →	찾든지
적다 →	적든지
나쁘다 →	나쁘든지

후 엔: 우리 제주도에 언제 갈까요?

박민수: 저는 평일에 가든지 주말에 가든지 다 좋아요.

---

1. 보기와 같이 친구와 이야기해 보세요.

> 한국 역사를 배우려면 어떻게 하는 것이 좋아요?

> 책으로 공부하든지 유적지에 가든지 해 보세요.

	궁금한 점	선택 가능한 조건
보기	한국 역사를 배우는 방법	책으로 공부하다 / 유적지에 가다
1)	감기가 빨리 낫는 방법	따뜻한 차를 마시다 / 비타민을 섭취하다
2)	고민을 해결하는 방법	가족에게 말하다 / 전문가의 조언을 받다
3)	한국의 전통문화를 경험할 수 있는 방법	민속촌에 가다 / 한옥 마을에 가다
4)	물건을 싸게 살 수 있는 방법	벼룩시장을 이용하다 / 알뜰 장터를 이용하다

---

2. 친구들의 질문을 듣고 선택할 수 있는 좋은 방법들을 이야기해 주세요.

- 스트레스를 푸는 방법
- 여가 시간에 할 수 있는 것
- 부모님을 즐겁게 해 드리는 방법

> 스트레스를 어떻게 풀면 좋을까요?

> 잠을 자든지 매운 음식을 먹든지 해 보세요.

단어장

섭취하다
해결하다

1. 아나이스 씨와 라민 씨가 여행 정보를 주고받습니다. 다음 대화처럼 이야기해 보세요.

아나이스: 라민 씨, 요즘도 여행 많이 다니지요? 라민 씨가 블로그에 올린 여행 칼럼이 얼마나 재미있는지 몰라요.

라　　민: 아이고, 고마워요. 혹시 여행 정보에 대해 궁금한 게 있으면 물어보세요.

아나이스: 혹시 여행도 하고 문화유산도 공부할 수 있는 곳이 있어요?

라　　민: 좋은 곳이 많지만 불국사에는 꼭 가 보세요. 불국사는 신라 시대 사찰인데 그 시대의 불교 문화를 느낄 수 있어요.

아나이스: 그래요? 안 그래도 저도 가 보고 싶었던 곳이에요.

라　　민: 필요하면 다른 정보도 줄게요. 메일로 보내든지 에스엔에스(SNS)로 보내든지 할게요.

아나이스: 아, 정말 고마워요.

4-5 EBOOK

1) 문화유산도 공부하다 ｜ 불국사, 신라 시대 사찰인데 그 시대의 불교 문화를 느끼다

2) 자연 유산을 보다 ｜ 성산 일출봉, 바다 위의 큰 화산섬인데 아름다운 일출을 보다

2. 문화유산을 소개하는 사람과 묻는 사람이 되어 대화해 보세요. 그리고 여러분이 알고 있는 문화유산에 대해서도 친구들과 이야기해 보세요.

문화유산에 대해 묻는 사람

- 창덕궁의 위치와 특징

- 백록담의 위치와 특징

문화유산을 소개하는 사람

- 조선 시대의 궁궐, 아름다운 왕실 정원을 볼 수 있다.

- 한라산 정상에 있는 호수, 화산 작용으로 만들어진 자연 경관이 매우 신기하다

단어장

일출
화산 작용

5과 문화유산 **65**

1. 다음은 한글에 대한 기사입니다. 어떤 내용인지 이야기해 보세요.

과학적인 문자 한글,
세계적으로 우수성 인정받아

"한글, 정말 배우기 쉬워요."
외국인 유학생에게 물었더니……

세종 대왕, 초등학생이 가장
존경하는 왕 1위

2. 한국의 문화유산에 대한 강의입니다. 잘 듣고 질문에 답해 보세요.

5-L.mp3

1) 무엇에 대한 내용입니까?

❶ 한글의 우수성　　　　❷ 세종 대왕　　　　❸ 한글날 행사

2) 들은 내용과 같으면 ○, 다르면 X 하세요.

❶ 한글이 만들어지기 전에는 한국어의 고유 문자가 없었다.　　　（　　　）

❷ 세종 대왕은 한글보다 더 배우기 쉬운 문자를 만들려고 노력했다.　（　　　）

❸ 일반 한국인을 위한 강의 내용이다.　　　　　　　　　　　　（　　　）

3) 강의를 들은 후에 사람들이 무엇에 대해 이야기할 것 같습니까?

❶ _____　　❷ 한글과 다른 문자의 차이점과 공통점

단어장

우수성
인정받다
집현전 학자
본뜨다

5-P.mp3

발음

ㅎ은 받침 ㄴ, ㄹ, ㅁ, ㅇ과 모음 사이에서 약하게 발음한다.

문화[무놔]
전화[저놔]
영화[영와]

다음을 듣고 따라 읽으세요.

1) 문화유산을 잘 보존해야 한다.

2) 이따 전화하든지 문자하든지 할게요.

3) 이 영화에는 세계적으로 유명한 유적지가 나온다.

1. 다음은 문화유산에 대한 바람직한 내용과 태도입니다. 이것이 어떤 의미가 있는지 이야기해 보세요.

문화재를 잘 보존해야 합니다. 문화재는 역사적인 가치가 매우 크기 때문입니다.

유적지를 탐방하다

세계 문화유산으로
지정하다

문화재를 보존하다

문화유산을 전승하다

- 역사적인 가치가 크다
- 조상에게 받은 것을 후손들에게 물려주다
- 그 시대의 분위기를 생생하게 느끼다
- 세계적으로 역사적 가치를 인정하다

2. 다음은 문화유산 아카데미에 대한 공지글입니다. 어떤 내용인지 이야기해 보세요.

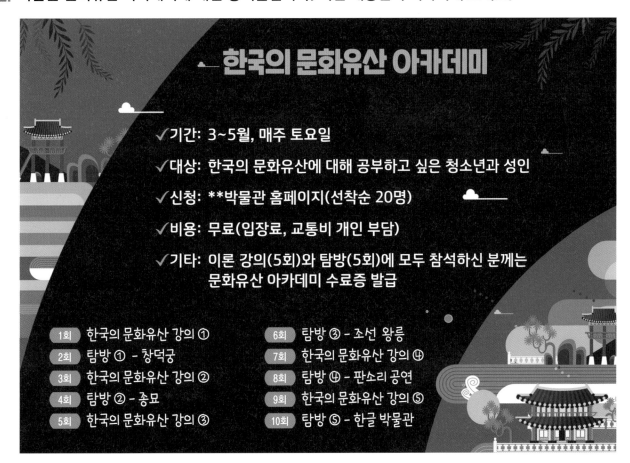

한국의 문화유산 아카데미

✓ **기간:** 3~5월, 매주 토요일

✓ **대상:** 한국의 문화유산에 대해 공부하고 싶은 청소년과 성인

✓ **신청:** **박물관 홈페이지(선착순 20명)

✓ **비용:** 무료(입장료, 교통비 개인 부담)

✓ **기타:** 이론 강의(5회)와 탐방(5회)에 모두 참석하신 분께는
문화유산 아카데미 수료증 발급

1회	한국의 문화유산 강의 ①	6회	탐방 ③ - 조선 왕릉
2회	탐방 ① - 창덕궁	7회	한국의 문화유산 강의 ④
3회	한국의 문화유산 강의 ②	8회	탐방 ④ - 판소리 공연
4회	탐방 ② - 종묘	9회	한국의 문화유산 강의 ⑤
5회	한국의 문화유산 강의 ③	10회	탐방 ⑤ - 한글 박물관

3. 다음은 기행문의 내용입니다. 잘 읽고 질문에 답해 보세요.

아는 만큼 보인다

요즘 박물관에서 진행하는 '한국의 문화유산 아카데미'에 다닌다. 지난주에는 경기도 여주에 있는 영릉에 문화유산 탐방을 다녀왔다. 영릉은 세종 대왕의 능이다. 조선 왕릉은 18개 지역에 40기가 있는데 영릉도 그중 한 곳이다. 영릉은 조선 왕릉 중 최초로 왕과 왕비가 함께 묻힌 곳으로 알려져 있다.

문화 해설사의 설명을 들으면서 왕릉을 둘러보았다. "왕이 살아 있을 때는 '궁궐'에 있고, 죽고 나면 '왕릉'에 묻힙니다. 참고로, 왕의 영혼을 모신 곳은 '종묘'입니다. 조선 시대 사람들에게 왕은 절대적인 존재였지요. 그러니까 궁궐만큼 왕릉을 잘 만들고 보존하는 것이 얼마나 큰일이었는지 모릅니다. 예를 들면 왕릉의 위치를 어디로 할지, 그 주변에 물과 산이 있는지, 왕릉의 모양과 방향은 어떻게 할지, 무슨 나무를 심고 어떤 조각상을 둘지 등에 대해 진지하게 생각을 했던 거지요."

왕릉에 대한 설명을 자세히 들으니까 조선 왕릉이 유네스코 세계 문화유산으로 지정된 이유를 알 것 같았다. 조선 왕릉은 그 시대의 전통, 정치, 건축, 예술, 조경 등을 생생하게 느낄 수 있는 역사적인 곳이기 때문에 세계적으로도 그 가치를 인정한 것이다.

"아는 만큼 보인다."라는 말이 있다. 문화유산에 대해 배우면 배울수록 이전에는 보이지 않았던 것까지 느끼고 볼 수 있어서 좋다. 앞으로도 문화유산 탐방 기회가 자주 있으면 좋겠다.

1) 윗글의 내용과 같으면 ○, 다르면 X 하세요.

❶ 조선 시대 사람들은 왕릉도 궁궐만큼 중요하게 여겼다.   (   )

❷ 왕릉의 위치는 역사적으로 큰 의미가 없다.   (   )

2) 다음 빈칸에 들어갈 표현을 글에서 찾아 써 보세요.

> 조선 시대에 왕은 _____에서 살다가 죽으면 _____에 묻힌다.

3) 글을 쓴 사람에 대한 내용이 <u>맞지 않는</u> 것을 고르세요.

❶ 글을 쓴 사람은 문화 해설사의 설명을 들었다.

❷ 글을 쓴 사람은 다음에도 문화유산 탐방을 갈 것 같다.

❸ 글을 쓴 사람은 조선 왕릉의 역사적 가치를 새롭게 알게 되었다.

❹ 글을 쓴 사람은 문화유산에 대한 공부를 시작하려고 한다.

단어장

묻히다
절대적
조각상
진지하다

1. 여러분은 어떤 문화유산을 알고 있습니까? 그것을 소개하고 어떤 특징이 있는지 써 보세요.

문화유산	
소개	
특징/가치	

2. 여러분이 알고 있는 문화유산을 소개하는 글을 써 보세요.

아리랑

아리랑은 한국 민요 중 가장 유명하다. 아리랑은 지역과 시기에 따라 다양하게 불리어 오늘에 이르고 있다. 옛날로부터 지금에 이르기까지 불린 아리랑이 모두 몇 종인지는 정확하게 알 수는 없으나 대략 60여 종이 있다고 한다.

아리랑은 원래 일을 하면서 겪는 힘듦을 이겨 내기 위하여 부른 노동요였다. 아리랑의 노랫말을 보면 사랑, 이별, 시집살이의 어려움 등을 담고 있으므로 한국인의 정서, 한을 대변한다. 이렇게 아리랑이 한국인의 정서를 잘 대변하기 때문에 한국인의 동질성을 확인하고 단결이 필요할 때 자주 불렸다. 그래서 일본 식민 통치 시기에는 저항 정신을 표현하는 노래가 되기도 했다.

현대에 와서 아리랑은 새롭게 편곡되어 불리기도 한다. 빠르게 또는 느리게, 슬프게 또는 밝게 불리면서 아리랑은 또 다른 모습으로 현대 한국인에게 사랑을 받고 있다. 그리고 이제는 한국을 넘어 전 세계인에게도 친근하게 다가가고 있다.

1) 아리랑은 어떤 노래입니까?

2) 아리랑의 노랫말은 주로 어떤 내용입니까?

3) 여러분 고향의 대표적인 전통 민요로는 무엇이 있습니까?

정선아리랑
jeongseon Arirang

배운 어휘 확인

- ☐ 문화유산
- ☐ 자연 유산
- ☐ 무형 유산
- ☐ 기록 유산
- ☐ 문화재
- ☐ 유적지
- ☐ 유물
- ☐ 시대
- ☐ 궁궐
- ☐ 정상
- ☐ 호수
- ☐ 사찰
- ☐ 제사
- ☐ 무덤
- ☐ 화산섬
- ☐ 성곽
- ☐ 웅장하다
- ☐ 섭취하다
- ☐ 해결하다

- ☐ 일출
- ☐ 화산 작용
- ☐ 우수성
- ☐ 인정받다
- ☐ 집현전 학자
- ☐ 본뜨다
- ☐ 탐방하다
- ☐ 지정하다
- ☐ 보존하다
- ☐ 전승하다
- ☐ 가치
- ☐ 조상
- ☐ 후손
- ☐ 물려주다
- ☐ 인정하다
- ☐ 묻히다
- ☐ 절대적
- ☐ 조각상
- ☐ 진지하다

6 국제화 시대

- 이 사진들은 어떤 사진이에요?
- 여러분은 국제 사회에서 어떤 활동을 함께해 보고 싶어요?

1. 현대 국제 사회는 어떤 모습이에요?

국제 협력 단체가
늘어나다

국제 교류가
활발해지다

다문화 사회가 되다

국제 분쟁을 해결하다

2. 국제화 시대에 국가와 개인이 할 수 있는 일은 무엇인가요?

국제기구에 가입하다

외교 관계를 맺다

세계 평화 유지에 힘쓰다

문화 교류를 추진하다

다국적 기업이 증가하다

해외 지사를 늘리다

국가 간 스포츠 교류를
활발히 하다

외국어에 능통하다

해외 봉사 단체에
지원하다

세계 시민 의식을 가지다

해외 지사에서 근무하다

1 동 형 -던

과거의 반복된 사건이나 행위, 상태를 회상하거나
과거 행위가 현재까지 지속되지 않음을 나타낼 때 사용한다.

예문

• 가: 못 보던 가방이네요. 새로 샀어요?

  나: 아니요. 언니가 쓰던 가방이에요.

• 그 많던 동네 친구가 이제는 다들 먼 곳으로 이사를
  해서 만나기가 어려워요.

• 3년 동안 다니던 회사를 그만두었어요.

고천: 요즘 다문화 사회가 되면서 우리처럼 국제 결혼하는
      부부가 해마다 늘고 있다고 해요.

후엔: 네. 전에는 남편이랑 걸어가면 신기하게 쳐다보던
      사람들도 이제는 많이 달라졌어요.

-던	• 가다 → **가던**	• 크다 → **크던**
	• 먹다 → **먹던**	• 작다 → **작던**
	• 놀다 → **놀던**	• 친절하다 → **친절하던**

---

1. 보기와 같이 친구와 이야기해 보세요.

> 자국에서만 사업을 하던 기업들이
> 해외로 진출하고 있어요.

	과거	**현재**
보기	기업들이 자국에서만 사업을 하다	기업들이 해외로 진출하고 있다
1)	일부 국가들이 위기를 겪다	일부 국가들이 국가 간 협력으로 위기를 극복했다
2)	한국이 다른 나라의 도움을 받다	한국이 세계 곳곳에 해외 봉사단을 보내다
3)	두 나라가 서로 관심이 없다	두 나라가 문화 교류가 활발해졌다
4)	내 동생이 외국어를 전혀 모르다	내 동생이 외국어를 유창하게 하다

---

2. 여러분이 고향에서의 생활을 기억하며 '-던'을 사용해 친구들과 이야기해 보세요.

• 자주 가던 곳
• 자주 먹던 음식
• 자주 만나던 사람

> 제가 고향에서 자주 가던 곳은 호수가
> 있는 공원이었어요. 친구들과 자주 가던
> 그 공원이 지금도 생각나요.

단어장

신기하다

2 동형 -을 정도로

뒤에 오는 행동이나 상태가 앞말과 비슷한 정도임을 나타낸다.

이 링: 요즘 학교마다 국제 교류가 활발해서 교환 학생 프로그램도 많이 생긴 것 같아요.

안젤라: 네. 저도 대학교 때 한국에 교환 학생으로 온 적이 있었는데 시간이 얼마나 빨리 지나는지 모를 정도로 즐겁게 지냈어요.

예문
- 가: 어제 늦게 퇴근했어요? 피곤해 보이네요.
  나: 요즘 일이 많아서 아침에 못 일어날 정도로 피곤해요.
- 이 소설책은 밤을 새워서 읽을 정도로 재미있어요.
- 출퇴근 시간에는 발 디딜 틈이 없을 정도로 지하철에 사람이 많아요.

-을 정도로	• 먹다 → 먹을 정도로
	• 읽다 → 읽을 정도로
-ㄹ 정도로	• 아프다 → 아플 정도로
	★ 살다 → 살 정도로

---

1. 다음 어휘를 보고 보기 와 같이 친구와 이야기해 보세요.

동생의 외국어 실력이 어때요?

국제기구에 지원할 정도로 외국어를 잘해요.

보기	동생의 외국어 실력		국제기구에 지원하다 / 외국어를 잘하다
1)	이링 씨의 회사		해마다 해외 지사를 늘리다 / 발전하고 있다
2)	오늘 고향의 날씨		앞이 안 보이다 / 비가 많이 내리다
3)	제주도		계속 생각나다 / 아름다운 곳이다
4)	이태원		한국이 아니라고 생각되다 / 문화가 다양하다

---

2. 여러분이 경험한 일을 친구와 이야기해 보세요.

- 얼마나 많이 먹었어요?
- 얼마나 시험공부를 했어요?
- 얼마나 좋아했어요?

친구의 생일 파티에서 배가 터질 정도로 많이 먹었어요.

단어장
발 디딜 틈이 없다

1. 아나이스 씨와 라흐만 씨가 국제화 시대에 대해 이야기합니다. 다음 대화처럼 이야기해 보세요.

라 흐 만: 아나이스 씨, 뭘 그렇게 열심히 보고 있어요?

아나이스: 해외 파견 근무자 모집에 대한 안내문을 읽고 있었어요.
외국에 다양한 분야의 인력을 파견한다고 해서
찾아보는 중이에요.

라 흐 만: 그렇군요. 졸업하고 나서 고향에 안 돌아가고 계속
외국에서 일하려고요?

아나이스: 네. 해외 진출 기업에서 일하는 친구들이 있는데
정신없이 바쁘지만 일을 찾아서 할 정도로 재미있대요.

라 흐 만: 제 주변에도 외국 기업에 취업하려고 하는 사람들이
많아요. 국제 교류가 활발해지면서 더 이상 다른 문화를
낯설어하지 않는 것 같아요.

아나이스: 맞아요. 저도 다양한 사람들과 함께 어울리면서 더 많이
배우고 생각도 넓히면 좋겠어요.

4-6 EBOOK

1) 일을 찾아서 하다, 재미있다 ｜ 국제 교류가 활발해지다

2) 고향이 생각나지 않다, 매일 새로운 것을 경험하다 ｜ 다문화 사회가 되다

2. 여러분이 경험한 국제화 시대는 어떤 모습이니까? 여러분의 생각을
친구와 이야기해 보세요.

외국인과 능통하게 의사소통하는
사람들이 많아졌어요.

세계에서 일어나는 일들이
낯설게 느껴지지 않아요.

단어장

해외 파견 근무자
분야
인력
파견하다
정신없다
낯설어하다
생각을 넓히다

듣기

1. 여러분은 한국에서 일어나고 있는 국제화 현상에 대해 알고 있습니까? 다음 기사 제목을 보고 무엇에 대한 이야기인지 이야기해 보세요.

> First Edition   Monday 5th June
> 국내 체류 외국인 252만 명……
> '다문화 사회 진입'

> First Edition   Monday 5th June
> '대한 외국인'의 취업 도전기……
> "한국에서 꼭 일하고 싶어요."

> First Edition   Monday 5th June
> 외국인 유학생 "내 일자리 어디에 있을까?"

> First Edition   Monday 5th June
> '굿 잡' 찾아요……
> 외국인 취업 박람회

> First Edition   Monday 5th June
> 외국인 유학생 14만 명 시대……
> 한국 대학 풍경이 바뀐다.

6-L.mp3

2. 뉴스에서 기자가 이야기합니다. 잘 듣고 질문에 답해 보세요.

1) 무엇에 대한 내용입니까? _____

2) 이 상황에서 생기는 기대와 우려는 무엇입니까?

   기대: _____

   우려: _____

3) 들은 내용과 같으면 ○, 다르면 X 하세요.

   ❶ 중국 국적의 외국인이 가장 많다.   (　　)

   ❷ 한국에서 체류하는 외국인 중 유학생 비율이 가장 높다. (　　)

   ❸ 다문화 사회로의 변화를 막는 것이 중요한 과제이다.   (　　)

단어장	
체류하다	고령화
차지하다	일손
비중	갈등
비율	우려하다
증가	배려
저출산	

6-P.mp3

발음

(으)ㄹ + ㄱ, ㄷ, ㅂ, ㅅ, ㅈ → (으)ㄹ + [ㄲ, ㄸ, ㅃ, ㅆ, ㅉ]

> 얻을 수 있어요[어들 쑤 이써요]   만날 사람[만날 싸람]   할 거예요[할 꺼예요]

다음을 듣고 따라 읽으세요.

1) 한국 생활에 자신감도 **얻을 수 있어요**.

2) 가: 지금 어디에 가요?

   나: **만날 사람**이 있어서 센터에 가요.

3) 가: 주말에 뭐 할 거예요?

   나: 친구들과 김장 축제에 **갈 거예요**.

1. 국제화 시대를 살아가는 우리가 할 수 있는 일은 무엇일까요?

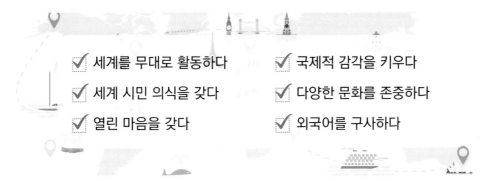

- ✓ 세계를 무대로 활동하다
- ✓ 세계 시민 의식을 갖다
- ✓ 열린 마음을 갖다
- ✓ 국제적 감각을 키우다
- ✓ 다양한 문화를 존중하다
- ✓ 외국어를 구사하다

2. '국제화 시대에 갖춰야 할 것'에 대한 질문과 답변입니다. 여러분의 의견도 이야기해 보세요.

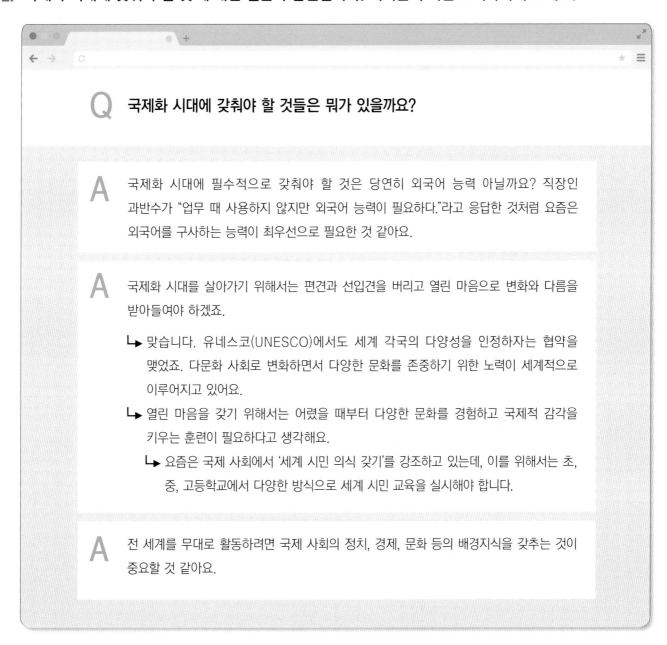

Q 국제화 시대에 갖춰야 할 것들은 뭐가 있을까요?

A 국제화 시대에 필수적으로 갖춰야 할 것은 당연히 외국어 능력 아닐까요? 직장인 과반수가 "업무 때 사용하지 않지만 외국어 능력이 필요하다."라고 응답한 것처럼 요즘은 외국어를 구사하는 능력이 최우선으로 필요한 것 같아요.

A 국제화 시대를 살아가기 위해서는 편견과 선입견을 버리고 열린 마음으로 변화와 다름을 받아들여야 하겠죠.

↳ 맞습니다. 유네스코(UNESCO)에서도 세계 각국의 다양성을 인정하자는 협약을 맺었죠. 다문화 사회로 변화하면서 다양한 문화를 존중하기 위한 노력이 세계적으로 이루어지고 있어요.

↳ 열린 마음을 갖기 위해서는 어렸을 때부터 다양한 문화를 경험하고 국제적 감각을 키우는 훈련이 필요하다고 생각해요.

↳ 요즘은 국제 사회에서 '세계 시민 의식 갖기'를 강조하고 있는데, 이를 위해서는 초, 중, 고등학교에서 다양한 방식으로 세계 시민 교육을 실시해야 합니다.

A 전 세계를 무대로 활동하려면 국제 사회의 정치, 경제, 문화 등의 배경지식을 갖추는 것이 중요할 것 같아요.

3. 다음은 해외 취업 성공 수기입니다. 잘 읽고 질문에 답해 보세요.

해외 취업 당신은 준비가 되었습니까?

저는 학교에서 배운 중국어를 사용해 보기 위해 처음으로 중국에 갔습니다. 중국은 변화와 성장이 빨라 미래 가능성이 높아 보였습니다. 세계화를 꿈꾸는 많은 기업이 중국에 진출하기 시작했기 때문입니다.

하지만 모든 것이 쉽지는 않았습니다. 비자 문제로 귀국해야 할 때도 있었습니다. 그러나 포기하지 않고 다시 도전했습니다. 제가 중국에서 다니는 회사는 독일 기업인데 중국에서 살고 있는 외국인의 다양한 경험을 중요하게 생각했습니다. 중국인들과 비교해 부족한 언어 실력이지만 다양한 경험을 한 외국인이라는 점에서 좋은 점수를 받고 합격하게 되었습니다.

합격을 한 후에는 회사 업무를 잘 수행하기 위해 언어 공부를 꾸준히 하고 있습니다. 일과 공부를 같이 하는 것은 쉽지 않습니다. 하지만 이것도 제가 발전할 수 있는 기회라고 생각하고 틈을 내서 열심히 하고 있습니다.

사실 중국에서 혼자 생활하며 이해하기 어려운 문화 때문에 고향으로 돌아가고 싶었던 적이 한두 번이 아니었습니다. 귀국까지 생각할 정도로 힘들었던 저는 그 나라의 문화를 받아들이는 자세가 부족했다는 것을 깨닫고 그 문화를 있는 그대로 받아들이기 시작했습니다. 그러자 놀랍게도 그들만이 가진 문화의 장점이 보이기 시작했습니다.

처음부터 쉬운 것은 없습니다. 저처럼 여러분들도 하나하나 준비하며 나와 다른 그들의 모습도 인정하는 마음을 가지고 도전한다면 성공적인 해외 취업을 할 수 있을 것입니다.

1) 이 사람은 어디에서 무엇을 하고 있습니까?

_____

2) 이 사람이 그곳에 간 이유는 무엇입니까?

_____

3) 윗글의 내용과 같으면 ○, 다르면 X표 하세요.

❶ 이 사람은 지금 하는 일을 여러 번 포기했다.　　（　　　）

❷ 이 사람은 중국어를 아주 잘해서 합격했다.　　（　　　）

❸ 이 사람은 자신과 다른 문화를 결국 받아들였다.　　（　　　）

단어장	
변화	업무
성장	발전
비자	기회
도전	받아들이다
언어 실력	

1. 여러분은 국제화 시대에 어떤 인재가 필요하다고 생각합니까?

① 국제화 시대의 인재가 갖추어야 하는 것은 무엇이라고 생각합니까?

② 여러분은 국제화 시대의 인재가 되기 위해 어떤 노력을 하고 있습니까?

2. 여러분이 생각하는 국제화 시대에 필요한 인재상에 대해 써 보세요.

국제기구

국제 사회에서 활동할 목적으로 두 나라 이상이 모여 만든 단체를 국제기구라고 한다. 국제기구는 국제 사회에서 여러 나라가 협력하여 국제 사회의 문제를 해결하고 발전을 도모하기 위하여 탄생하였다.

국제기구 중 가장 대표적인 것은 국제연합(UN)이다. 국제연합은 제2차 세계대전이 끝나면서 탄생한 국제기구로서 오랜 기간 국제 사회의 평화와 발전을 위해 노력해 오고 있다. 정치, 군사, 경제, 교육, 문화 등 국제 사회의 모든 문제를 대상으로 활동하고 있다.

시간이 지나면서 동남아국가연합(ASEAN)과 같이 지역 내 협력을 위한 국제기구가 출현하고 세계무역기구(WTO)와 같이 국제 사회의 특정한 문제를 해결하기 위한 국제기구가 출현하였다. 국제화가 가속화되는 현대 사회에서 국제기구의 역할이 점점 더 중요해지고 있음은 분명하다.

1) 국제기구란 무엇입니까?
2) 국제기구의 변화에 대해서 설명해 보세요.
3) 여러분이 알고 있는 국제기구에 대해서 이야기해 보세요.

□ 국제 협력 단체가 늘어나다   □ 생각을 넓히다

□ 국제 교류가 활발해지다   □ 체류하다

□ 다문화 사회가 되다   □ 차지하다

□ 국제 분쟁을 해결하다   □ 비중

□ 국제기구에 가입하다   □ 비율

□ 외교 관계를 맺다   □ 증가

□ 세계 평화 유지에 힘쓰다   □ 저출산

□ 문화 교류를 추진하다   □ 고령화

□ 다국적 기업이 증가하다   □ 일손

□ 해외 지사를 늘리다   □ 갈등

□ 외국어에 능통하다   □ 우려하다

□ 해외 봉사 단체에 지원하다   □ 배려

□ 세계 시민 의식   □ 변화

□ 해외 지사   □ 성장

□ 신기하다   □ 비자

□ 발 디딜 틈이 없다   □ 도전

□ 해외 파견 근무자   □ 언어 실력

□ 분야   □ 업무

□ 인력   □ 발전

□ 파견하다   □ 기회

□ 정신없다   □ 받아들이다

□ 낯설어 하다

7 현대인의 질병

어휘: 질병과 증상

문법: 통-되

　　　통-었더니

활동: 병에 대해 조언하기

　　　생활 습관과 병에 대해 쓰기

문화와 정보: 한국의 국민 건강 보험 제도

- 이 사람은 어디가 아파요?
- 여러분은 몸이 아팠던 적이 있어요? 어떻게 아팠어요?

1. 몸이 안 좋을 때 어떤 증상이 나타나요?

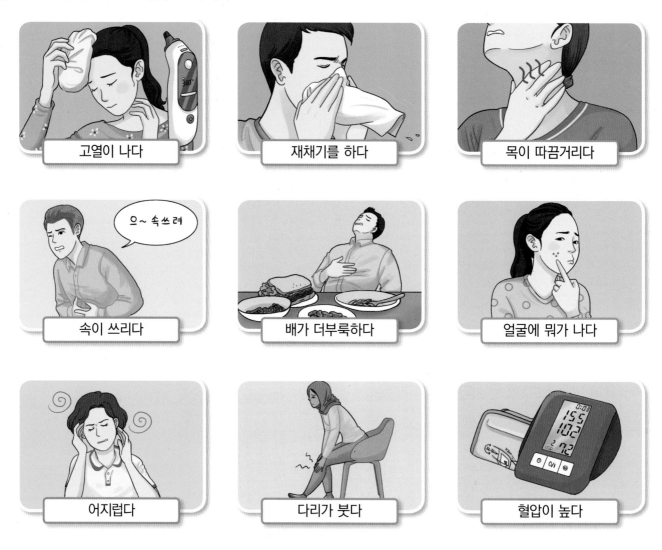

고열이 나다

재채기를 하다

목이 따끔거리다

으~ 속쓰려

속이 쓰리다

배가 더부룩하다

얼굴에 뭐가 나다

어지럽다

다리가 붓다

혈압이 높다

2. 다음 신체 기관에 이상이 생기면 어떤 질병에 걸려요?

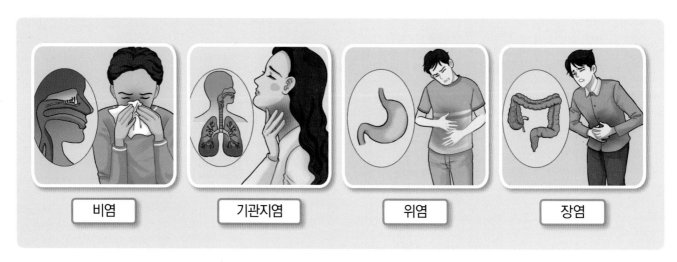

비염

기관지염

위염

장염

1 통–되

앞 내용을 인정하면서도 그에 대한 조건이나 예외 등이 있음을 나타낸다.

라민: 며칠 전부터 계속 배가 아프고 설사를 해요.

의사: 장염에 걸리셨네요. 식사를 **하되** 자극적인 음식은 피하는 것이 좋습니다.

예문

• 가: 쉬는 시간에 밖에 다녀와도 돼요?

  나: 밖에 **다녀오되** 늦지 않도록 하세요.

• 음식을 마음껏 **드시되** 남기시면 안 됩니다.

• 한국어 실력을 늘리려면 한국 친구를 자주 **만나되** 한국어로 이야기해야 한다.

-되			
• 먹다 → **먹되**		• 하다 → **하되**	
• 가다 → **가되**		• 살다 → **살되**	

---

1. 그림을 보고 보기와 같이 친구와 이야기해 보세요.

보기

이제부터 운동을 해도 돼요?

이제부터 운동을 해도 됩니다. 단, 무리하지 마십시오.

운동하되 무리하지 마세요.

1)

컴퓨터를 사용해도 됩니다. 단, 30분만 쓰십시오.

2)

여기에서 공부해도 됩니다. 단, 나올 때 뒷정리를 잘 하십시오.

3)

방문 예약을 취소해도 됩니다. 단, 예정일 하루 전까지 취소하십시오.

---

2. 여러분은 이럴 때 어떻게 이야기할 거예요? 친구와 이야기해 보세요.

• 배가 더부룩한데 아침을 안 먹어도 돼요?

• 보고서를 이메일로 제출해도 돼요?

그러면 건강에 안 좋아요. 아침을 먹되 소화가 잘되는 것으로 드세요.

단어장

자극적이다
뒷정리
예정일

2 동-었더니

과거에 직접 관찰하거나 경험한 사실에 대한 결과를 나타낸다.

안젤라: 제이슨 씨, 목소리가 왜 그래요?

제이슨: 어제 야구장에서 큰 소리로 응원을 **했더니** 목이
아픈 것 같아요.

예문

• 가: 한국어 실력이 많이 늘었네요.

　나: 매일 한국 드라마를 **봤더니** 한국어 실력이
　　　좋아졌어요.

• 낮에 커피를 많이 **마셨더니** 잠이 안 온다.

• 인터넷으로 옷을 **주문했더니** 하루 만에 도착했다.

-았더니	• 받다 → **받았더니**
	• 보다 → **봤더니**
-었더니	• 먹다 → **먹었더니**
	• 마시다 → **마셨더니**
-했더니	• 무리하다 → **무리했더니**
	• 주문하다 → **주문했더니**

---

1. 보기 와 같이 친구와 이야기해 보세요.

어디 아파요?

어제 야식을 먹고 잤더니
배가 더부룩해요.

	경험		결과
보기	어제 야식을 먹고 자다	⇒	배가 더부룩하다
1)	옷을 얇게 입다	⇒	감기에 걸렸다
2)	점심을 급하게 먹다	⇒	소화가 안 되다
3)	지난주에 좀 무리하다	⇒	몸살이 났다
4)	아침에 일찍 일어나다	⇒	좀 피곤하다

2. 여러분이 경험한 일을 이야기해 보세요.

• 백화점이 끝날 때쯤
식품 매장에 갔다.

• 친구에게 메시지를
너무 많이 보냈다.

백화점이 끝날 때쯤
식품 매장에 갔더니 먹을 것을
세일해서 많이 샀어요.

단어장

무리하다
식품 매장

1. 애나 씨와 제이슨 씨가 병의 증상과 주의할 점에 대해 이야기합니다. 다음 대화처럼 이야기해 보세요.

애　나: 제이슨 씨, 며칠 전에도 그런 것 같은데 아직도 기침이 안 나았어요?

제이슨: 네. 무리해서 일했더니 약을 먹어도 잘 낫지 않아요. 열도 있고요.

애　나: 기관지염인 것 같은데 병원에는 가 봤어요?

제이슨: 가기는 했는데 크게 걱정할 정도는 아니라고 하셨어요.

애　나: 요즘 수업이 많은데 괜찮겠어요?

제이슨: 어쩔 수 없지요. 수업을 하되 무리하지 않도록 해야겠어요.

4-7 EBOOK

1) 기침이 안 나았다 | 열이 있다 | 기관지염

2) 속이 안 좋다 | 배가 더부룩하다 | 위염

2. 아래 상황에 맞게 아픈 사람과 조언하는 사람이 되어 이야기해 보세요.

상황	조언
고열이 나고 목이 부었다.	독감인 것 같다. 병원에 가야 한다. 전염될 수 있으므로 조심한다.
토하고 계속 설사한다.	장염인 것 같다. 병원에 가야 한다. 물을 자주 마셔야 한다.

단어장

전염되다

7과 현대인의 질병 **89**

1. 그림을 보고 장염에 걸렸을 때 어떻게 해야 하는지 이야기해 보세요.

> 왜 장염에 걸려요?

> 장염은 어떤 증상이 있어요?

> 장염에 걸리면 어떻게 해야 해요?

2. 병원에서 의사와 환자가 이야기합니다. 잘 듣고 질문에 답해 보세요.

7-L.mp3

1) 이 사람의 증상이 <u>아닌</u> 것을 고르세요.

❶ 토하다　　　　❷ 설사하다　　　　❸ 열이 있다　　　　❹ 배가 더부룩하다

2) 이 사람은 무엇을 먹고 장염에 걸렸습니까?

_____

3) 의사의 처방에 대해 들은 내용과 같으면 ○, 다르면 X 하세요.

❶ 지금부터 식사를 조금씩 해야 한다.　　　　（　　　）

❷ 설사가 멈추면 보통 때처럼 식사를 해야 한다.　（　　　）

❸ 물을 많이 마셔야 한다.　　　　（　　　）

단어장

유통 기한
급성

발음

7-P.mp3

받침 + [이, 야, 여, 요, 유] ⟶ 받침 + [니, 냐, 녀, 뇨, 뉴]　ㄴ 첨가

장+염[장념]
두통+약[두통냑]
이십+육[이심뉵]

다음을 듣고 따라 읽으세요.

1) **장염**에 걸려서 배가 아파요.

2) 약국에 가서 **두통약**을 샀어요.

3) 다음 달 **이십육** 일에 이민자 축제를 해요.

1. 잘못된 생활 습관 때문에 현대인들이 많이 걸리는 병에는 어떤 것이 있어요?

2. 잘못된 생활 습관 때문에 생기는 병을 예방하려면 어떻게 해야 돼요?

3. 다음은 '현대인의 질병'을 설명하는 글입니다. 잘 읽고 질문에 답해 보세요.

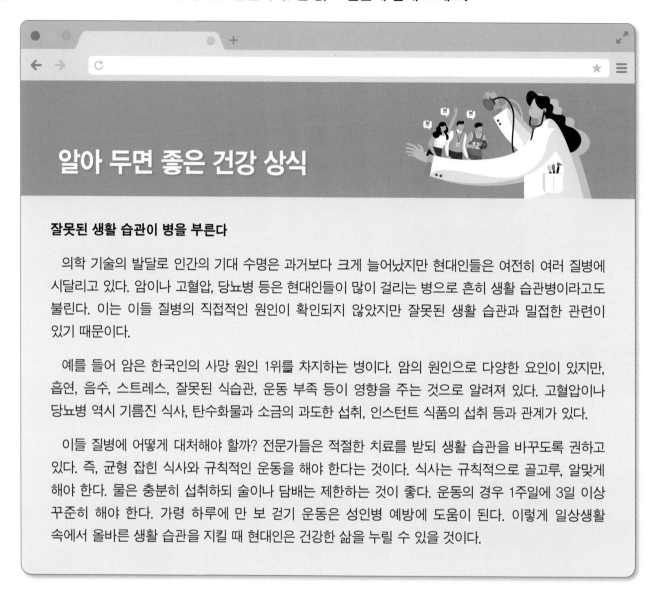

알아 두면 좋은 건강 상식

잘못된 생활 습관이 병을 부른다

　의학 기술의 발달로 인간의 기대 수명은 과거보다 크게 늘어났지만 현대인들은 여전히 여러 질병에 시달리고 있다. 암이나 고혈압, 당뇨병 등은 현대인들이 많이 걸리는 병으로 흔히 생활 습관병이라고도 불린다. 이는 이들 질병의 직접적인 원인이 확인되지 않았지만 잘못된 생활 습관과 밀접한 관련이 있기 때문이다.

　예를 들어 암은 한국인의 사망 원인 1위를 차지하는 병이다. 암의 원인으로 다양한 요인이 있지만, 흡연, 음수, 스트레스, 잘못된 식습관, 운동 부족 등이 영향을 주는 것으로 알려져 있다. 고혈압이나 당뇨병 역시 기름진 식사, 탄수화물과 소금의 과도한 섭취, 인스턴트 식품의 섭취 등과 관계가 있다.

　이들 질병에 어떻게 대처해야 할까? 전문가들은 적절한 치료를 받되 생활 습관을 바꾸도록 권하고 있다. 즉, 균형 잡힌 식사와 규칙적인 운동을 해야 한다는 것이다. 식사는 규칙적으로 골고루, 알맞게 해야 한다. 물은 충분히 섭취하되 술이나 담배는 제한하는 것이 좋다. 운동의 경우 1주일에 3일 이상 꾸준히 해야 한다. 가령 하루에 만 보 걷기 운동은 성인병 예방에 도움이 된다. 이렇게 일상생활 속에서 올바른 생활 습관을 지킬 때 현대인은 건강한 삶을 누릴 수 있을 것이다.

1) 잘못된 생활 습관과 관련된 병에는 무엇이 있습니까?

....

2) 현대인의 건강에 부정적인 영향을 미치는 것은 무엇입니까?

　❶ 금연하기　　❷ 만 보 걷기　　❸ 탄수화물 섭취하기　　❹ 기름지게 식사하기

3) 윗글의 내용과 같으면 ○, 다르면 X 하세요.

　❶ 한국인의 대표적인 사망 원인은 암이다.　　　　　（　　　）

　❷ 암의 직접적인 원인은 최근 밝혀졌다.　　　　　（　　　）

　❸ 올바른 생활 습관은 성인병의 예방에 도움이 된다.　（　　　）

> **단어장**
>
> 시달리다
> 밀접하다
> 차지하다
> 과도하다
> 권하다

1. 잘못된 생활 습관과 관련된 병에는 무엇이 있습니까? 이 병은 특히 어떤 생활 습관과 관련이 있습니까? 이 병을 예방하기 위해 어떤 노력을 해야 합니까?

병명	
원인	
예방 방법	

2. 생활 습관과 현대인의 병에 대해 설명하는 글을 써 보세요.

한국의 국민 건강 보험 제도

　한국에서는 높은 병원비 때문에 국민들이 심한 경제적 부담을 갖게 되는 것을 방지하기 위하여 국민 건강 보험 제도를 실시한다. 이 제도는 국민들이 평소에 보험료를 내고 국민건강보험공단이 이를 관리 및 운영하다가 필요 시 보험 급여를 제공하는 방식으로 운영된다.

　국민 건강 보험은 국민 개개인의 의사에 관계없이 국민 모두가 개인 또는 가족 단위로 가입해서 일정한 보험료를 내야 하는 사회 보험이다. 보험료는 소득이나 재산 등에 따라 다르지만, 가입자는 모두 똑같은 보험 서비스를 받는다.

　국민 건강 보험에는 외국인과 재외 동포도 가입할 수 있다. 체류 자격에 따라 다소 다르지만 대체로 한국에 6개월 이상 거주하는 경우, 가입할 자격이 생기고 외국인 등록을 한 후에 직장이나 지역에서 가입을 할 수 있다. 6개월 이상 거주하지 않은 외국인이라도 유학이나 결혼 등으로 6개월 이상 거주할 것이 확실한 경우에 가입할 수 있다.

1) 국민 건강 보험 제도는 어떤 제도입니까?
2) 건강 보험에 가입할 수 있는 외국인의 자격 조건은 무엇입니까?
3) 여러분 고향의 건강 보험 제도를 소개해 보세요.

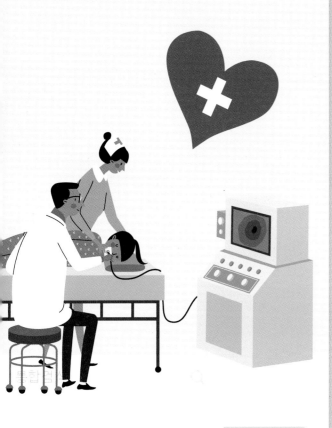

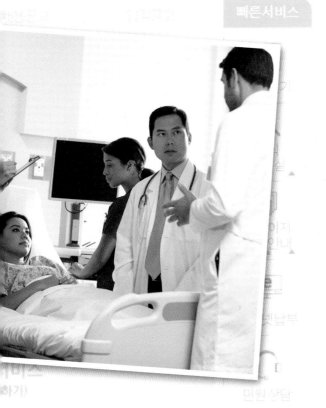

배운 어휘 확인

☐ 고열이 나다   ☐ 무리하다

☐ 재채기를 하다   ☐ 식품 매장

☐ 목이 따끔거리다   ☐ 전염되다

☐ 속이 쓰리다   ☐ 유통 기한

☐ 배가 더부룩하다   ☐ 급성

☐ 얼굴에 뭐가 나다   ☐ 섭취하다

☐ 어지럽다   ☐ 성인병

☐ 다리가 붓다   ☐ 충분하다

☐ 혈압이 높다   ☐ 수면

☐ 비염   ☐ 금연하다

☐ 기관지염   ☐ 시달리다

☐ 위염   ☐ 밀접하다

☐ 장염   ☐ 차지하다

☐ 자극적이다   ☐ 과도하다

☐ 뒷정리   ☐ 권하다

☐ 예정일

8 정보화 사회

어휘: 인터넷과 스마트폰으로 하는 일

문법: 동형 -는다면서요?

　　　동 -을 겸 동 -을 겸

활동: 인터넷과 스마트폰 사용의 문제점 말하기

　　　인터넷과 스마트폰 중독 문제와 예방 방안 쓰기

문화와 정보: 스마트폰과 애플리케이션

- 이 사람들은 인터넷과 스마트폰으로 무엇을 해요?
- 여러분은 어떤 때 주로 인터넷과 스마트폰을 사용해요?

어휘

1. 여러분은 어디에서 정보를 얻어요? 여러분이 자주 사용하는 것에 대해 이야기해 보세요.

2. 여러분은 인터넷에 접속해서 주로 무엇을 해요?

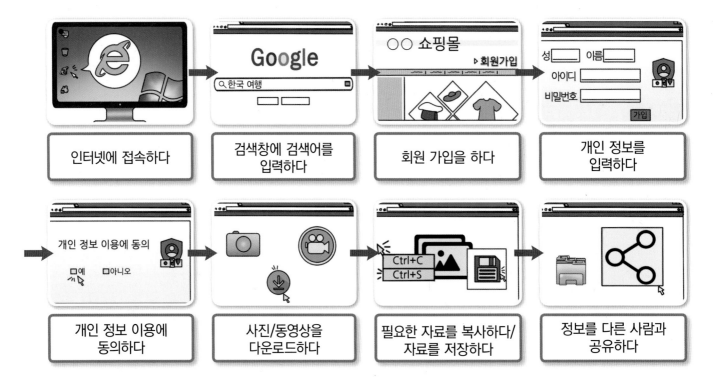

1 동형 -는다면서요?

다른 사람에게 들은 내용을 상대방에게 확인하듯이 물을 때 사용한다.

안젤라: 이링 씨, **이사했다면서요?**
　　　에스엔에스(SNS)에 올린 사진을 봤어요.

이　링: 네. 직장 때문에 그렇게 됐어요.

예문

• 가: 후엔 씨가 이번에 TOPIK 4급 시험에 **합격했다면서요?**
　나: 네, 정말 열심히 공부했거든요.

• 우리 아파트 앞에 큰 마트가 **생긴다면서요?**

• 동생의 키가 엄청 **크다면서요?**

-는다면서요?	• 먹다	→ 먹는다면서요?
	• 듣다	→ 듣는다면서요?
-ㄴ다면서요?	• 가다	→ 간다면서요?
	• 기다리다	→ 기다린다면서요?
	★ 살다	→ 산다면서요?
-다면서요?	• 비싸다	→ 비싸다면서요?
	• 끝났다	→ 끝났다면서요?

Tip '명이다'는 '명이라면서요?'를 사용한다.

1. 그림을 보고 보기와 같이 친구와 이야기해 보세요.

잠시드 씨, 어제 친구들과
모임을 했다면서요?

보기

1)

2)

3)

2. 여러분이 들은 친구의 소식에 대해 '-는다면서요?'를 사용해 이야기해 보세요.

이링 씨, 휴가 때 고향에
간다면서요?

단어장

엄청

예문

- 가: 안젤라 씨는 시간이 나면 보통 뭘 해요?
  나: 저는 운동도 **할 겸** 스트레스도 **풀 겸** 자전거 타는 것을 좋아해요.
- 친구들과 맛있는 음식도 **먹을 겸** 이야기도 **나눌 겸** 맛집에 가기로 했어요.
- 주말에는 옷도 **살 겸** 친구도 **만날 겸** 해서 백화점에 가려고 한다.

정아라: 이링 씨, 뭘 검색하고 있어요?
이 링: 친구 결혼식에도 **참석할 겸** 부모님도 **뵐 겸** 고향에 다녀오려고 비행기표를 보고 있어요.

-을 겸	• 먹다	→ **먹을 겸**
	★ 걷다	→ **걸을 겸**
-ㄹ 겸	• 장을 보다	→ **장을 볼 겸**
	• 찾아뵈다	→ **찾아뵐 겸**
	★ 만들다	→ **만들 겸**

---

1. 보기 와 같이 친구와 이야기해 보세요.

날마다 공원에 간다면서요?

보기

날마다 공원에 가다

네, 운동도 할 겸 강아지 산책도 시킬 겸 날마다 공원에 가요.

운동을 하다 / 강아지 산책을 시키다

1)

요즘 자격증 공부를 하고 있다

자격증을 따다 / 다양한 취업 정보를 얻다

2)

한국어 수업에 열심히 나가다

한국어를 배우다 / 고향 친구들과 편하게 수다도 떨다

3)

한국 드라마를 꾸준히 챙겨 보다

한국어를 배우다 / 한국 사람들의 사고방식을 배우다

---

2. 요즘 무엇을 해요? 그것을 하는 목적이 뭐예요? 친구들과 이야기해 보세요.

 저는 요즘 한국 사람들을 자주 만나요.
한국어 연습도 할 겸 한국 친구도 사귈 겸 해서요.

저는 가족들에게 소식도 전할 겸 고향 친구들과 연락도 할 겸
에스엔에스(SNS)를 자주 해요.

단어장

자격증
따다
꾸준히
사고방식

1. 라민 씨와 아나이스 씨가 인터넷의 문제점에 대해 이야기합니다. 다음과 같이 이야기해 보세요.

라　　민: 아나이스 씨, 인터넷에서 개인 정보가 유출됐다면서요?

아나이스: 네, 저도 그 기사 봤어요. 자꾸 그런 일이 생겨서
　　　　　걱정이에요.

라　　민: 저는 인터넷에서 다양한 정보를 얻을 수 있어서 좋다고
　　　　　생각했는데 요즘 이런 일들을 보면 인터넷 뱅킹과
　　　　　인터넷 쇼핑을 계속해도 될지 걱정이에요.

아나이스: 그래서 인터넷을 할 때는 비밀번호도 조금 복잡하게
　　　　　만들고 자주 바꿀 필요가 있는 것 같아요.

라　　민: 사람들이 편리하게 사용하는 인터넷이 이렇게 악용되는
　　　　　걸 보니까 너무 안타까워요.

아나이스: 인터넷은 잘 사용하면 유익하지만 좋은 영향만 주는
　　　　　것은 아닌 것 같아요. 그러니까 인터넷을 이용하는
　　　　　우리가 조심할 수밖에 없어요.

4-8 EBOOK

1) 개인 정보가 유출되다 | 비밀번호를 조금 복잡하게 만들고 자주 바꾸다

2) 가짜 뉴스가 넘쳐나다 | 어떤 정보가 맞는지 틀리는지 잘 판단하다

2. 다음 기사들을 보면서 인터넷과 스마트폰 사용의 문제점에 대해 의견을 말해 보세요.

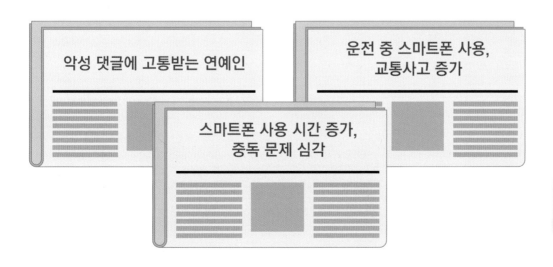

악성 댓글에 고통받는 연예인

운전 중 스마트폰 사용,
교통사고 증가

스마트폰 사용 시간 증가,
중독 문제 심각

단어장

악용되다
판단하다

1. 여러분은 다음과 같은 기사를 본 적이 있습니까?

First Edition   Monday 5th June
인터넷 은행, 개인 정보 유출

First Edition   Monday 5th June
운전 중 스마트폰 사용, **교통사고 증가**

First Edition   Monday 5th June
스마트폰 사용 시간 증가, **중독 문제 심각**

First Edition   Monday 5th June
악성 댓글에 고통받는 연예인

> 이 기사는 어떤 내용인 것 같아요?

> 왜 이런 일이 생긴 것 같아요?

8-L.mp3

2. 제이슨 씨와 애나 씨가 이야기합니다. 잘 듣고 질문에 답해 보세요.

1) 두 사람은 무엇에 대한 이야기를 합니까?

❶ 악성 댓글 ❷ 인터넷 중독

❸ 개인 정보 관리 ❹ 운전 중 스마트폰 사용 문제

2) 들은 내용을 완성해 보세요.

어제 뉴스에서 은행 고객들의			등이 유출되었다는 기사가 나왔다.

3) 들은 내용과 같으면 ○, 다르면 X 하세요.

❶ 애나 씨는 은행에서 통장을 만들지 않았다. (   )

❷ 해커들은 개인 정보를 유출해서 돈을 벌 수 있다. (   )

❸ 인터넷 쇼핑몰의 개인 정보를 이용해 스팸 문자가 온다. (   )

> 단어장
>
> 입장
> 해커

8-P.mp3
발음

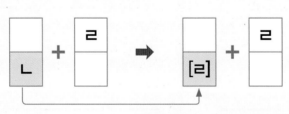

다음을 듣고 따라 읽으세요.

편리[펼리]
연락처[열락처]
관련성[괄련썽]

1) 생활이 **편리**한 대신에 개인 정보가 유출될 가능성이 있어서 불안하다.

2) **연락처** 좀 가르쳐 주시겠어요?

3) 그 나라의 언어는 문화와 깊은 **관련성**을 가지고 있다.

1. 다음은 스마트폰 중독 진단 테스트입니다. 자신에게 해당되는 것에 ✔ 해 보세요.

스마트폰 중독 진단 테스트

① 스마트폰이 없으면 손이 떨리고 불안하다. ☐

② 스마트폰을 잃어버리면 친구를 잃어버린 느낌이다. ☐

③ 스마트폰을 하루에 2시간 이상 사용한다. ☐

④ 스마트폰에 설치한 앱이 30개 이상이고 대부분 사용하고 있다. ☐

⑤ 화장실에 갈 때 스마트폰을 가져간다. ☐

⑥ 스마트폰 키패드가 컴퓨터 키패드와 같다. ☐

⑦ 스마트폰으로 글자를 치는 속도가 손으로 글자를 쓰는 것보다 빠르다. ☐

⑧ 식사 중 스마트폰이 울리면 바로 달려간다. ☐

⑨ 스마트폰을 보물 1호라고 생각한다. ☐

⑩ 스마트폰으로 쇼핑을 한 것이 두 번 이상이다. ☐

☺ 1-2개, 아직 괜찮아요   😮 3-4개, 조금 위험해요

☹ 5-7개, 중독이 의심돼요   😣 8개 이상, 중독이에요

2. 다음은 인터넷과 스마트폰으로 인해 나타나는 다양한 문제점입니다. 이러한 문제가 나타나는 원인으로 맞는 것을 연결해 보세요.

시력이 저하되다	의존성
인터넷을 사용할 수 없으면 무기력해지다	익명성
기억력이 떨어지다	장시간 사용
스마트폰 중독에 빠지다	해킹
개인 정보가 유출되다	
가짜 뉴스가 많아지다	
악성 댓글(악플)을 달다	
거북목 증후군에 시달리다	

3. 다음은 스마트폰 사용에 대한 글입니다. 잘 읽고 질문에 답해 보세요.

　　스마트폰은 손안에 있는 컴퓨터와 같다. 스마트폰 하나만 있으면 사진 촬영, 동영상 촬영, 음악 듣기까지 모두 가능하다. 텔레비전(TV)과 라디오 시청, 게임하기, 인터넷 사용 등 못할 것이 없다. 유럽에 있는 친구와 영상 통화를 하면서 안부를 물을 수 있고 사진을 즉시 전송할 수도 있다. 직장에서는 연락도 할 겸 서로 의견도 교환할 겸 단체 카톡방을 만들기도 한다. 이메일 주고받기는 기본이고 영화 보기도 쉽게 할 수 있다. 스마트폰을 통해 인터넷 뱅킹도 가능하기 때문에 손쉽게 은행 일을 보기도 한다.

　　그러나 스마트폰으로 대부분의 일을 해결할 수 있지만 잘 관리하지 않으면 여러 문제점이 발생한다. 먼저 스마트폰의 지나친 사용으로 중독에 빠질 수 있다. 스마트폰이 없을 때 불안해서 일이나 공부에 집중할 수 없으면 중독이다. 스마트폰으로만 대화를 하기 때문에 이웃뿐만 아니라 가족과도 대화가 단절될 수밖에 없다. 스마트폰을 분실하거나 해킹을 당하면 개인 정보 유출이라는 심각한 문제가 생긴다. 사진이나 동영상 등의 사생활이 노출되어 나쁜 영향을 끼칠 수도 있다. 아무리 유용한 것도 관리가 소홀하면 피해가 생길 수밖에 없다.

1) 윗글의 제목으로 가장 알맞은 것을 고르세요.

❶ 스마트폰으로 하는 일　　　　　　❷ 스마트폰 사용의 문제점

❸ 스마트폰 사용의 장단점　　　　　❹ 스마트폰으로 인한 피해

2) 스마트폰의 장점이 무엇인지 내용을 완성해 보세요.

　　스마트폰으로 사진을 찍을 수 있고, ①＿＿＿＿＿＿＿＿＿＿＿＿, 음악도 들을 수 있다. 텔레비전(TV) 시청과 게임은 물론이고 단체 카톡방에서 직장 동료와 의견을 나눌 수도 있다. 게다가 인터넷 뱅킹으로 ②＿＿＿＿＿＿＿＿＿＿＿＿.

3) 윗글의 내용과 같으면 ○, 다르면 X 하세요.

❶ 최근 스마트폰으로 영상 통화를 하는 사람이 급증했다.　　　(　　　)

❷ 사람들은 은행에 가는 것보다 스마트폰 뱅킹을 선호한다.　　(　　　)

❸ 개인 정보 유출 문제는 사용하는 사람에게 원인이 있다.　　　(　　　)

단어장	
손쉽다	노출되다
지나치다	유용하다
단절되다	소홀하다
사생활	

1. 현대인들이 인터넷과 스마트폰에 얼마나 의존한다고 생각합니까? 심각해지고 있는 인터넷과 스마트폰 중독과 바람직한 사용 방법에 대해 메모해 보세요.

심각한 스마트폰 의존성	
바람직한 사용 방법	– – –

2. 현대인의 지나친 인터넷과 스마트폰 의존과 바람직한 사용 방안에 대한 글을 써 보세요.

스마트폰과 애플리케이션

요즘은 언제, 어디서나 인터넷을 이용할 수 있다. 스마트폰은 손안의 컴퓨터라고 불릴 정도로 다양한 기능을 가지고 있다. 사람들은 그러한 스마트폰에 다양한 애플리케이션을 설치해서 많은 일들을 한다.

스마트폰에서 가장 많이 사용되는 애플리케이션은 카카오톡, 위챗, 라인, 밴드 같은 채팅 앱이다. 전화를 하거나 이메일을 보내는 대신에 간단하게 안부를 전할 수 있고, 여러 명이 동시에 대화가 가능하기 때문이다. 게다가 사진이나 동영상을 전송하는 것도 가능하다.

사진, 동영상과 관련된 다른 애플리케이션으로는 페이스북, 트위터, 인스타그램이 있다. 이것들은 채팅 앱과는 다르게 주로 사진이나 동영상을 올려서 공유한다.

또 다른 애플리케이션은 유튜브, 넥플릭스 같은 동영상 재생 사이트를 이용할 수 있는 것들이다. 예전에는 드라마나 영화를 보려면 인터넷 사이트에 가입해서 돈을 내고 다운로드하는 경우가 많았다. 하지만 지금은 유튜브에서 수많은 동영상을 볼 수 있다.

1) 채팅 애플리케이션은 무엇입니까?

2) 스마트폰으로 동영상을 보고 싶을 땐 어떤 애플리케이션을 사용합니까?

3) 여러분이 스마트폰으로 주로 이용하는 애플리케이션이 무엇인지 이야기해 보세요.

☐ 전송하다	☐ 키패드
☐ 댓글	☐ 저하되다
☐ 접속하다	☐ 무기력하다
☐ 입력하다	☐ 거북목 증후군
☐ 동의하다	☐ 시달리다
☐ 엄청	☐ 의존성
☐ 자격증	☐ 익명성
☐ 따다	☐ 해킹
☐ 꾸준히	☐ 손쉽다
☐ 사고방식	☐ 지나치다
☐ 악용되다	☐ 단절되다
☐ 판단하다	☐ 사생활
☐ 입장	☐ 노출되다
☐ 해커	☐ 유용하다
☐ 진단	☐ 소홀하다
☐ 해당되다	

복습 1

어휘

※ [1~4] 〈보기〉와 같이 (   )에 들어갈 알맞은 것을 고르세요.

─────── 〈보기〉 ───────

머리가 아픕니다. 그래서 (   )에 갑니다.

① 학교　　　　　② 시장　　　　　❸ 약국　　　　　④ 공항

1. 아기가 태어난 지 1년이 되면 (   )을/를 하게 됩니다.

① 돌잔치　　　　② 백일잔치　　　③ 환갑잔치　　　④ 칠순 잔치

2. 며칠 전부터 계속 속이 쓰린 걸 보니까 (   )에 걸린 것 같아요.

① 비염　　　　　② 위염　　　　　③ 장염　　　　　④ 기관지염

3. 과학을 연구하는 곳에 가면 미래의 인간 세상을 미리 (   ) 수 있는 것들이 많다.

① 조종할　　　　② 제어할　　　　③ 보존할　　　　④ 체험할

4. 인터넷에서 필요한 정보를 검색한 후에 컴퓨터에 자료를 (   ).

① 공유했어요　　② 가입했어요　　③ 저장했어요　　④ 접속했어요

※ [5~7] 다음 밑줄 친 부분과 의미가 반대인 것을 고르세요.

5.
> 가: 한국에 왔을 때 뭐가 가장 힘들었어요?
>
> 나: 저는 처음에 한국 사람들의 생활 습관이나 문화가 낯설었어요.

① 어색했어요   ② 서글펐어요   ③ 익숙했어요   ④ 서툴렀어요

6.   최근 사회가 변화하면서 가족의 형태가 핵가족으로 바뀌고 있다.

① 대가족   ② 1인 가구   ③ 맞벌이 부부   ④ 다문화 가족

7.   자신의 일이나 개인 생활을 중시하는 사람들이 증가하면서 결혼 연령이 상승하고 있다.

① 결정하면서   ② 감소하면서   ③ 개선하면서   ④ 분담하면서

※ [8~10] 다음 밑줄 친 부분과 의미가 비슷한 것을 고르세요.

8.   현 세대는 미래 세대에게 역사적으로 가치가 있는 문화유산을 물려줘야 할 의무가 있다.

① 보존해야   ② 탐방해야   ③ 인정해야   ④ 전승해야

9.   국제화 시대에는 여러 나라와 힘을 모으려는 노력이 필요하다.

① 지원하려는   ② 협력하려는   ③ 분쟁하려는   ④ 확장하려는

10. 스마트폰을 지나치게 사용하는 사람들의 시력이 떨어지고 있다는 뉴스가 나왔대요.

① 저하되고   ② 악용되고   ③ 유출되고   ④ 단절되고

※ [1~5] 〈보기〉와 같이 (   )에 들어갈 알맞은 것을 고르세요.

〈보기〉

영호 씨는 지금 공원(   ) 운동을 합니다.

① 을   ② 이   ❸ 에서   ④ 에

---

1. 후엔 씨가 전화를 (   ) 교실 밖으로 나갔어요.

① 받더니   ② 받되   ③ 받을수록   ④ 받은 나머지

2. 어제 회식을 할 때 배가 (   ) 음식을 많이 먹었어요.

① 터져야   ② 터졌더니   ③ 터지다가   ④ 터질 정도로

3. 가: 고천 씨, 중국의 수도는 어떤 곳이에요?
    나: 베이징은 문화유산이 (   ) 전통 문화 공연을 볼 수 있는 곳이에요.

① 많아도   ② 많을수록   ③ 많은 대신에   ④ 많을 뿐만 아니라

4. 가: 어제 본 한국 전통 결혼식은 어땠어요?
    나: 신랑과 신부가 한복을 입고 인사를 하는 모습이 얼마나 (   ).

① 아름다웠잖아요   ② 아름다웠다고 했어요
③ 아름다웠는지 몰라요   ④ 아름다울 수밖에 없었어요

5. 가: 이번 주 금요일에 보고서를 제출해야 하는 거 알지요?
    나: 이번 주라고요? 저는 다음 주 금요일까지 (   ).

① 제출하게 되었어요   ② 제출하냐고 했어요
③ 제출하는 줄 알았어요   ④ 제출할 수밖에 없어요

※ [6~10] 다음 밑줄 친 부분과 의미가 비슷한 것을 고르세요.

6.   제가 학교에 다닐 때 자주 <u>간</u> 식당에 오랜만에 가 보려고 해요.

① 가던   ② 가더니   ③ 갔더니   ④ 간 나머지

7.   어제 늦게까지 친구와 <u>게임을 해서</u> 전화가 오는 소리를 못 들었어요.

① 게임할수록   ② 게임하느라고   ③ 게임할 정도로   ④ 게임하기 위해서

8.   경주는 경치가 <u>아름다운 데다가</u> 맛있는 음식이 많은 곳이에요.

① 아름다워져서   ② 아름다운 나머지
③ 아름다운 만큼   ④ 아름다울 뿐만 아니라

9.   저는 시간이 있을 때 <u>자주 산책을 하는 편이에요</u>.

① 산책을 하곤 해요   ② 산책을 할 만해요
③ 산책을 할 줄 알았어요   ④ 산책을 하려던 참이에요

10.   명절이 되면 고향 생각이 <u>너무 많이 나요</u>.

① 많이 나잖아요   ② 날 때가 있어요
③ 얼마나 나는지 몰라요   ④ 많이 나는 줄 알았어요

※ [11~15] 밑줄 친 부분이 틀린 것을 고르세요.

11. ① 샤워를 <u>하느라고</u> 벨소리를 못 들었어요.
    ② 음식이 맛있을 <u>뿐만 아니라</u> 가격도 저렴해요.
    ③ 우리 회사에서 인천 공항까지 <u>가까운 줄</u> 알았어요.
    ④ 친구가 문자 메시지를 <u>봤더니</u> 집으로 돌아갔어요.

12. ① 한국어를 <u>공부할수록</u> 어려운 것이 많아요.
    ② 열심히 <u>공부할 정도로</u> 시험에 합격했어요.
    ③ 월세를 못 내면 이사를 <u>갈 수밖에 없어요.</u>
    ④ 저는 시간이 있을 때 영화를 보러 <u>가곤 해요.</u>

13. ① 여행을 <u>가되</u> 항상 조심히 다녀야 합니다.
    ② 제가 전에 <u>다니던</u> 회사는 국제 무역 회사였습니다.
    ③ 어제는 치마를 <u>입었더니</u> 오늘은 바지를 입었어요.
    ④ 교통비도 <u>아낄 겸 운동도 할 겸</u> 걸어다니고 있어요.

14. ① 배가 <u>부른 나머지</u> 많이 먹었어요.
    ② 이번 여름 휴가에는 고향에 <u>간다면서요?</u>
    ③ 감기에 걸렸을 때 푹 <u>쉬었더니</u> 금방 나았어요.
    ④ 저는 <u>바다에 가든지 산에 가든지</u> 다 괜찮아요.

15. ① 돈은 많으면 <u>많을수록</u> 행복한 것 같아요.
    ② 책이 재미없을 <u>뿐만 아니라</u> 인기가 많다고 해요.
    ③ 한국어를 공부하는 것이 <u>얼마나 재미있는지</u> 몰라요.
    ④ 회사 생활에 <u>지친 나머지</u> 그만두고 고향에 갈 생각까지 했어요.

※ [1~2] 질문에 맞는 답을 고르세요.

1. 이 글의 중심 생각은 무엇입니까?

> 먼 나라에 와서 적응하는 것이 쉬운 일은 아니지만 제 경험으로 봤을 때 지름길이 있습니다. 그것은 바로 호기심입니다. 문화도 언어도 모르는 외국에 나가면 겁이 나는 것은 어쩌면 당연한 일입니다. 그러나 호기심으로 다가서면 상황이 바뀝니다. '모르면 어때? 배우면 되지.'라고 하는 태도가 필요하다는 것입니다. 그런 태도로 낯선 환경을 알아 가려고 노력하면 자기도 모르는 사이에 외국 생활에 익숙해지고 처음에는 안 보인 기회도 잡게 될 것입니다.

① 다른 나라의 언어와 문화는 그 나라에 가서 배우는 게 더 좋다.
② 다른 나라에 이주해서 사는 것을 쉽게 생각하는 것은 좋지 않다.
③ 다른 나라에서 적응이 어려울 때는 지름길을 찾기 위해 노력해야 한다.
④ 다른 나라에서의 생활은 겁이 나지만 호기심을 가지면 적응을 잘 할 수 있다.

2. 다음 (   ) 안에 들어갈 말로 알맞은 것을 고르세요.

> 의학 기술의 발달로 인간의 기대 수명은 과거보다 크게 늘어났지만 현대인들은 여전히 여러 질병에 시달리고 있다. 암이나 고혈압, 당뇨병 등은 현대인들이 자주 걸리는 병으로 흔히 (   )이라고도 불린다. 이는 이들 질병의 직접적인 원인이 확인되지 않았지만 잘못된 생활 습관과 밀접한 관련이 있기 때문이다.
>
> 예를 들어 암은 한국인의 사망 원인 1위를 차지하는 병이다. 암의 원인으로 다양한 요인이 있지만 흡연, 음주, 스트레스, 잘못된 식습관, 운동 부족 등이 영향을 주는 것으로 알려져 있다. 고혈압이나 당뇨병 역시 기름진 식사, 탄수화물과 소금의 과도한 섭취, 인스턴트 식품의 섭취 등과 관계가 있다.
>
> 이들 질병에 어떻게 대처해야 할까? 전문가들은 적절한 치료를 받되 (   ) 권하고 있다. 즉, 균형 잡힌 식사와 규칙적인 운동을 해야 한다는 것이다. 식사는 규칙적으로 골고루, 알맞게 해야 한다. 물은 충분히 섭취하되 술이나 담배는 제한하는 것이 좋다. 운동의 경우 1주일에 3일 이상 꾸준히 해야 한다. 가령 하루에 만 보 걷기 운동은 성인병 예방에 도움이 된다.

① 불치병, 스트레스를 줄이도록
② 불치병, 습관을 바꾸도록
③ 생활 습관병, 스트레스를 줄이도록
④ 생활 습관병, 습관을 바꾸도록

3.

　　1인 가구의 증가는 우리의 생활에도 많은 변화를 가져왔다. 혼자 편하게 식사할 수 있는 식당이 생겼고 1인분만 시켜도 배달이 가능해졌다. 마트에 가면 소포장된 상품도 흔히 볼 수 있다. 채소나 과일뿐만 아니라 생필품이나 가전제품도 1인 가구에 맞춰 나오고 있다. 혼자 사는 가구가 늘어나면서 소형 아파트나 소형 오피스텔도 꾸준히 인기를 얻고 있다. 또한 청소, 장보기, 대여, 짐 보관 등 1인 가구를 위한 서비스업의 규모도 점점 커지고 있다.

　　이렇게 혼자 사는 가구가 점점 늘어나면 우리 사회에 크고 작은 변화가 생길 수밖에 없다. 이에 따라 전통적인 가구 형태에 맞춘 정책을 개선해야 한다는 목소리가 커지고 있다. 주거 지원, 돌봄 서비스 등 1인 가구들이 살기 좋은 사회를 만들기 위한 정책 마련이 시급하다.

① 최근 혼자 식사할 수 있는 식당이 생겼다.
② 바쁜 1인 가구를 위해 다양한 서비스 시장이 커지고 있다.
③ 1인 가구가 증가하고 있지만 중대형 아파트의 인기는 여전하다.
④ 마트에서는 1인 가구를 위한 소포장 상품도 쉽게 찾아볼 수 있다.

4.

　　우리 사회는 끊임없이 발전하고 있다. 사람들은 편리한 생활을 위해 새로운 것을 개발하고 기술을 발전시킨다. 최근 현실과 가상의 세계, 그리고 모든 사물을 인터넷으로 연결하려는 움직임이 나타나고 있다. 어떠한 기술이 이런 일을 가능하게 만들어 줄까?

　　먼저 인공 지능(AI)은 음성으로 정보 검색이 가능하다. 인공 지능(AI) 스피커에게 궁금한 것을 말하면 알아서 대답해 준다. 예를 들어, 오늘의 날씨나 일정 등을 물어보면 바로 응답한다. 또한 최근 많이 사용되는 로봇 청소기 외에 의료 분야에서도 로봇이 주목받고 있다. 실버 로봇은 몸이 불편한 노인들의 식사와 샤워를 돕기도 한다. 사물 인터넷(IoT)은 휴대 전화 하나로 집 안의 모든 것을 제어할 수 있다. 예를 들어 휴대 전화로 불을 켜거나 끄고 창문을 열거나 닫을 수 있다. 가상 현실은 우리가 실제처럼 보고, 듣고, 느낄 수 있게 하는 기술이다. 집에서도 가상 현실(VR) 기기를 이용해서 가고 싶은 관광지를 가상 현실 속에서 체험할 수 있다.

① 인간의 편리한 생활을 위해 기술이 계속 발전하고 있다.
② 가상 현실(VR) 기술 덕분에 실제 가고 싶은 관광지를 갈 필요가 없게 되었다.
③ 인공 지능 기술은 음성으로 날씨나 일정 등의 정보를 검색하고 알려 준다.
④ 사물 인터넷은 휴대 전화를 이용해 집 안의 여러 가지를 제어할 수 있다.

5.

> 지난달에는 가족 행사가 많았다. 작년에 태어난 조카는 돌을 맞았고 시어머니도 예순한 살이 되셔서 우리 가족은 큰 생일잔치를 두 번이나 치렀다. 남편은 이 두 생일이 한국인들에게 아주 중요하다고 했다.
>
> 돌잔치에서는 오랜만에 친척들을 볼 수 있어서 반가웠다. 그리고 무엇보다도 재미있었던 것은 아기의 장래를 추측하는 돌잡이 행사였다. 예를 들어 아기가 실을 잡으면 장수하고 돈이나 쌀을 잡으면 부자가 되고 연필을 잡으면 공부를 잘할 거라고 추측한다. 친척들은 조카가 돈이나 연필을 잡기를 바랐다. 그런데 우리 조카는 마이크를 잡아서 모두 웃었다. 조카가 나중에 유명한 가수가 되면 좋겠다.
>
> 얼마 있다가 우리 가족은 시어머니의 환갑잔치도 치렀다. 맛있는 음식도 먹고 자녀들, 손주들이 다 같이 부모님께 절을 올렸다. 시어머니께서는 너무나 감격한 나머지 눈물을 흘리기도 하셨다. 또 우리는 환갑 여행도 보내 드렸는데 부모님은 여행을 다녀오시더니 너무 좋았다고 하셨다.

① 시어머니는 자식과 손주들의 절을 받고 기분이 좋아 눈물을 흘리셨다.

② 조카는 돌잔치에서 연필을 잡아 친척들이 공부를 잘 할 것이라고 했다.

③ 시어머니와 시아버지는 다녀오신 환갑 기념 여행이 만족스럽다고 하셨다.

④ 이 사람은 지난달에 조카의 돌잔치와 시어머니의 환갑잔치가 같이 있었다.

※ [6~7] 다음을 읽고 물음에 답하세요.

> 스마트폰 하나로 대부분의 일을 해결할 수 있지만 잘 관리하지 않으면 이에 따른 문제도 크다. 먼저 스마트폰의 지나친 사용으로 중독에 빠질 수 있다. 스마트폰이 없을 때 불안해서 일을 할 수 없다면 중독이다. 스마트폰으로만 대화를 하니 당연히 이웃뿐만 아니라 가족과도 대화가 단절될 수밖에 없다. 스마트폰을 분실하거나 해킹을 당할 경우 (㉠)(이)라는 심각한 문제가 생긴다. 사생활이 노출되어 한 개인에게 나쁜 영향을 끼칠 수 있다. 아무리 유용한 것도 관리에 소홀하다면 피해가 생길 수밖에 없다.

6. ㉠에 들어갈 알맞은 말을 고르세요.

① 사생활 침해　　　　　　　　② 개인 정보 유출

③ 스마트폰 중독　　　　　　　　④ 시력 감퇴 및 운동 부족

7. 윗글의 중심 내용으로 옳은 것을 고르세요.

① 스마트폰은 우리 생활을 편리하게 해 주는 것이다.

② 요즘 스마트폰 중독에 빠진 사람이 많아 사회 문제가 된다.

③ 스마트폰 때문에 가족과 대화가 단절되는 것을 막아야 한다.

④ 스마트폰으로 인해 다양한 문제도 생기므로 관리를 잘해야 한다.

※ [8~9] 다음을 읽고 물음에 답하세요.

영릉은 조선 왕릉 중 최초로 왕과 왕비가 함께 묻힌 곳으로 알려져 있다. 문화 해설사의 설명을 들으면서 왕릉을 둘러보았다. "왕이 살아 있을 때는 '궁궐'에 있고, 죽고 나면 '왕릉'에 묻힙니다. 참고로 왕의 영혼을 모신 곳은 '종묘'입니다. 조선 시대 사람들에게 왕은 절대적인 존재였지요. 그러니까 궁궐만큼 왕릉을 잘 만들고 보존하는 것이 얼마나 큰일이었는지 모릅니다. 예를 들면 왕릉의 위치를 어디로 할지, 그 주변에 물과 산이 있는지, 왕릉의 모양과 방향은 어떻게 할지, 무슨 나무를 심고 어떤 조각상을 둘지 등에 대해 진지하게 생각을 했던 거지요."

왕릉에 대한 설명을 자세히 들으니까 조선 왕릉이 유네스코 세계 문화유산으로 지정된 (㉠)을/를 알 것 같았다. 조선 왕릉은 그 시대의 전통, 정치, 건축, 예술, 조경 등을 생생하게 느낄 수 있는 역사적인 곳이기 때문에 세계적으로도 그 가치를 인정한 것이다.

8. 윗글의 내용과 같은 것을 고르세요.

① 조선의 모든 왕은 왕비와 같이 묻혔다.
② 조선 시대에는 왕릉도 궁궐처럼 중요한 곳으로 여겼다.
③ 영릉은 유네스코 세계 문화유산으로 지정되기를 기다리고 있다.
④ 조선 시대에는 왕릉의 모양과 방향을 정해 주는 사람이 따로 있었다.

9. ㉠에 들어갈 알맞은 말을 고르세요.

① 자신감   ② 이유
③ 변화   ④ 현실

※ [1~2] 다음 주제에 대해 옆 사람과 의견을 이야기하고 대화를 완성해 보세요.

1. 가족의 변화

- 대가족 → 핵가족 → 1인 가구로 변화한 원인
- 각 가족 형태의 장단점

가: _____

나: _____

가: _____

나: _____

가: _____

나: _____

2. 인터넷이나 스마트폰 사용

- 현대인의 인터넷과 스마트폰 의존성
- 바람직한 사용 방법

가: _____

나: _____

가: _____

나: _____

가: _____

나: _____

※ [1~2] 다음 대화문에 알맞은 말을 써 넣으세요.

1.
> 가: 제이슨 씨, 며칠 전에도 그런 것 같은데 아직도 기침이 안 나았어요?
>
> 나: 네, 무리해서 _____ 약을 먹어도 잘 낫지 않아요. 열도 있고요.
>
> 가: 기관지염인 것 같은데 병원에는 가 봤어요?
>
> 나: 가기는 했는데 크게 걱정할 정도는 아니라고 하셨어요.
>
> 가: 요즘 수업이 많은데 괜찮겠어요?
>
> 나: 어쩔 수 없지요. _____ 무리하지 않도록 해야겠어요.

2.
> 가: 옛날에는 결혼하면 아이를 낳는 게 당연하다고 생각했지만 요즘은 생각이 많이 바뀐 것 같아요.
>
> 나: 맞아요. 요즘은 아이를 _____ 결혼 자체를 안 하잖아요.
>
> 가: 네. _____도 크고 _____을/를 중시하는 분위기 때문에 그런 것 같아요.
>
> 나: 이링 씨는 어때요?
>
> 가: 저는 생각이 자주 바뀌어요. 결혼하고 싶을 때도 있고, 혼자 편하게 사는 게 좋을 때도 있어요.

※ [3] 다음 내용을 포함하여 '국제화 시대에 필요한 인재'라는 제목으로 글을 쓰세요.

① 국제화 시대의 인재가 갖추어야 하는 것은 무엇이라고 생각합니까?	
② 여러분은 국제화 시대의 인재가 되기 위해 어떤 노력을 하고 있습니까?	

9 사건과 사고

어휘: 사건, 사고 관련 어휘

문법: 동-을 뻔하다
　　　명으로 인해

활동: 자신에게 생긴 사고에 대해 말하기
　　　자신이 경험한 사건이나 사고에 대한 글 쓰기

문화와 정보: 사고와 예방

8 KOR NEWS

건물 화재…사망 1명, 부상 5명

KOR NEWS

CAUTION

미끄럼 주의

- 이 사람들은 무슨 일이 생긴 것 같아요?
- 여러분도 이런 일을 경험한 적이 있어요?

1. 이 사람들에게 무슨 일이 생겼어요? 왜 그렇게 됐어요?

2. 사고가 났을 때 어떻게 했어요? 관계있는 것끼리 연결하고 이야기해 보세요.

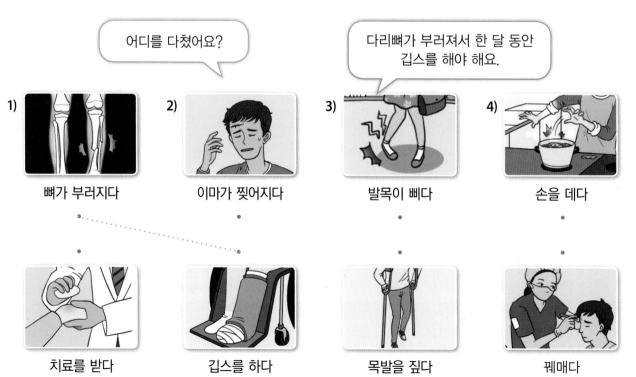

1 동-을 뻔하다

그 일이 일어나지 않았지만 거의 일어날 것 같은 상황까지 갔음을 나타낸다.

가: 밖에 눈이 와서 길이 많이 미끄럽지요?

나: 네, 너무 미끄러워서 저도 넘어질 뻔했어요.

예문

• 가: 5분만 늦었어도 비행기를 못 탈 뻔했어요.

　나: 정말 다행이에요.

• 회사 기계를 만지다가 크게 다칠 뻔했어요.

• 큰불이 날 뻔했는데 소화기가 있어서 다행이었다.

-을 뻔하다	• 죽다 → 죽을 뻔하다
	• 속다 → 속을 뻔하다
-ㄹ 뻔하다	• 사고가 나다 → 사고가 날 뻔하다
	• 다치다 → 다칠 뻔하다
	★울다 → 울 뻔하다

1. 그림을 보고 보기와 같이 친구와 이야기해 보세요.

보기

무슨 일이 있었어요?

휴, 안 넘어지고 잘 내려왔네.

길이 너무 미끄러워서 넘어질 뻔했어요.

1) 휴, 여기 박스가 있어서 다행이네.

2) 휴! 치이는 줄 알았네. 끼익!

3) 휴, 안 맞았어.

2. 여러분은 지금까지 살면서 '큰일 날 뻔한 적'이 있습니까? 친구들과 이야기해 보세요.

• 다칠 뻔한 적

• 차에 치일 뻔한 적

저는 지난겨울에 집 앞 길에서 미끄러져서 머리를 다칠 뻔했어요.

단어장

만지다

2 명으로 인해

뒤에 나오는 일의 원인을 나타낸다. 주로 격식적인 상황에서 사용한다.

엘리베이터 수리로 인해 10시까지 운행되지 않습니다.

예문
- 가: 오늘 비행기가 출발할 수 있나요?
  나: 태풍으로 인해 비행기 출발이 지연되고 있습니다.
- 최근 자극적인 음식으로 인해 위염 환자가 증가하고 있습니다.
- 에어컨 사용 증가로 인해 여름철 전기 사용이 늘고 있다.

으로 인해	• 고장 → 고장으로 인해
	• 전기 사용 → 전기 사용으로 인해
로 인해	• 사고 → 사고로 인해
	• 짙은 안개 → 짙은 안개로 인해

1. 보기와 같이 친구와 이야기해 보세요.

오늘 신문에 무슨 기사가 났습니까?

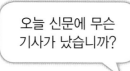
지난 주말 강한 태풍,
비행기 출발 지연

태풍으로 인해 비행기 출발이 지연됐다고 합니다.

1)
○○일보
운전 중 스마트폰 사용,
교통사고 증가

2)
○○일보
지하철 공사,
환승역 이용 불가

3)
○○일보
인스턴트 과다 섭취,
성인병 증가

2. 다음 문제가 생긴 원인에 대해 친구들과 이야기해 보세요.

1)
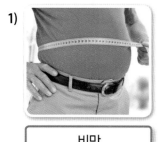
비만

2)

지구 온난화

3)

쓰레기 증가

단어장
운행되다
지연되다
자극적
과다 섭취
성인병

1. 안젤라 씨와 라흐만 씨가 사고에 대해 이야기합니다. 다음과 같이 이야기해 보세요.

안젤라: 라흐만 씨, 괜찮아요? 많이 다쳤어요?

라흐만: 팔이 조금 부러졌어요. 한 달 동안 깁스를 하고 있어야 된대요.

안젤라: 그런데 어떻게 하다가 이렇게 됐어요?

라흐만: 일하는데 옆에 세워 놓은 새시가 갑자기 쓰러졌어요.

안젤라: 그랬군요. 정말 큰일 날 뻔했네요. 그래도 다른 곳은 다치지 않아서 다행이에요.

라흐만: 저도 그렇게 생각해요.

안젤라: 잘 쉬시고 빨리 나으세요.

라흐만: 네, 고마워요.

4-9 EBOOK

1) 팔이 부러지다, 한 달 동안 깁스를 하고 있어야 되다 | 일하는데 옆에 세워 놓은 새시가 갑자기 쓰러지다

2) 발목이 삐다, 2주 동안 목발을 짚어야 하다 | 빙판인 줄 모르고 뛰어가다가 미끄러지다

2. 다음과 같이 사고를 경험한 사람과 위로하는 사람이 되어 대화해 보세요. 그리고 여러분의 경험도 이야기해 보세요.

사고를 경험한 사람

• 다리에 화상을 입었다 /
한 달 동안 붕대를 감고 있어야 한다.

• 자전거를 타다가 넘어져서 다리가 부러졌다 /
한 달 동안 목발을 짚어야 한다.

위로하는 사람

• 그만해서 정말 다행이에요.

• 천만다행이에요.

• 이 정도로 끝난 게 어디예요?

• 하마터면 큰일 날 뻔했네요.

단어장

빙판
화상을 입다
붕대
천만다행이다
하마터면

1. 여러분은 지금까지 살면서 교통사고가 난 적이 있습니까? 그때 경찰에게 상황을 어떻게 설명합니까?

어떤 사고가 났습니까?
이런 일이 생기면 어떻게 해야 돼요?

2. 제이슨 씨와 애나 씨가 이야기합니다. 잘 듣고 질문에 답해 보세요.

9-L.mp3

1) 무슨 사고가 났습니까? _____

2) 왜 사고가 났습니까? _____

3) 들은 내용과 같으면 ○, 다르면 X 하세요.

❶ 휴대 전화로 경찰에 사고를 알리고 있다. ( )

❷ 자동차와 오토바이가 부딪혔다. ( )

❸ 다친 사람은 병원에서 치료를 받았다. ( )

> 단어장
> 부딪히다
> 문병

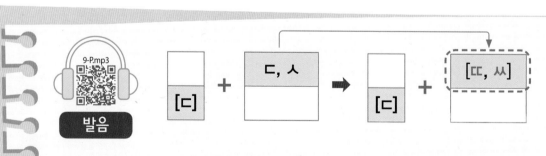

발음

9-P.mp3

[ㄷ] + ㄷ, ㅅ ➡ [ㄷ] + [ㄸ, ㅆ]

났대요[낟때요]
났습니까[낟씀니까]
발생했다[발쌩핻따]

다음을 듣고 따라 읽으세요.

1) 교통사고가 **났대요.**

2) 어떤 사고가 **났습니까?**

3) 방화로 보이는 화재가 **발생했다.**

1. 다음 표현을 보고 관계 있는 것을 연결해 보세요.

발생한 일		사람
죽은 사람		가해자
다친 사람		피해자
사고를 낸 사람		부상자
사고를 당한 사람		사망자
범인일 가능성이 높은 사람		용의자

2. 다음 뉴스가 어떤 사건인지 관계있는 것을 연결해 보세요.

1)
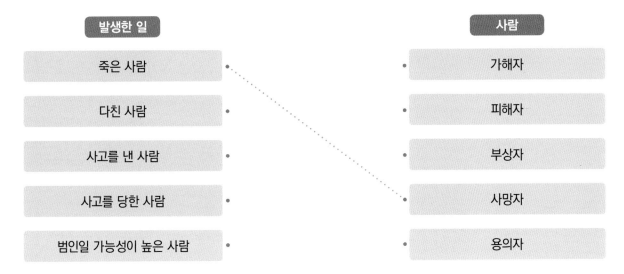
청소년, 재미로 자전거 훔쳐

2)
층간 소음 항의한 아래층 사람에게 폭력 휘둘러

3)
장난감 총 들고 은행 침입

사기 사건   절도 사건   방화 사건   폭행 사건   강도 사건   뺑소니 사건

4)

큰돈 벌게 해 준다, 돈 빌린 후 갚지 않아

5)

60대 취객 건물에 불 질러

6)

40대 남성, 노인 차로 친 후 그냥 도망쳐

3. 다음은 사건 기사에 대한 글입니다. 잘 읽고 질문에 답해 보세요.

㉮

원룸 돌며 휴대 전화만 훔치던 절도범 잡혀

경찰은 지난 16일 충북 청주의 한 빌라에서 절도 용의자 이 모 씨를 체포해 조사 중이다.

이 모 씨는 지난 두 달 동안 청주 인근의 원룸을 돌며 원룸 거주자들의 휴대 전화만 골라 훔쳐 온 혐의를 받고 있다.

이 씨의 행각은 비슷한 신고가 경찰에 잇따라 접수되자 경찰들의 끈질긴 수사 끝에 밝혀지게 되었다.

휴대 전화만을 훔친 이유에 대해 이 씨는 휴대 전화의 경우 중고로 손쉽게 팔 수 있기 때문이라고 말한 것으로 알려진다.

㉯

인천 오피스텔에 방화로 화재 발생, 주민 20여 명 대피

어제 밤 10시쯤 인천시에 있는 한 오피스텔에서 방화로 보이는 화재가 발생했다. 이 화재로 오피스텔에 거주하는 주민 20여 명이 대피하는 일이 벌어졌다.

5층에서 시작된 불은 6층까지 번져 여러 개의 사무실 등을 태우고 40분 만에 꺼졌다. 불은 많은 입주 사무실 직원들이 퇴근한 시간에 발생하였고 주민들의 신속한 대피로 가벼운 부상자만 있는 것으로 알려졌다.

경찰은 방화 용의자 김 모 씨를 오피스텔 근처에서 체포하여 정확한 방화 원인을 조사하고 있다.

1) **㉮**와 **㉯**는 무슨 사건에 대한 내용입니까?

❶ (**㉮**:   )   ❷ (**㉯**:   )

2) **㉮**의 이 씨와 **㉯**의 김 씨는 다음 중 무엇에 해당합니까?

❶ 부상자   ❷ 가해자   ❸ 용의자   ❹ 피해자

3) **㉮**에서 절도 물품으로 휴대 전화를 선택한 이유는 무엇입니까? _____

4) **㉯**에서 가벼운 부상자만 발생한 이유는 무엇입니까? _____

5) 윗글의 내용과 같으면 ○, 다르면 ✕ 하세요.

❶ 글 **㉮**에서 이 씨는 빌라에 살고 있는 사람들의 휴대 전화를 훔쳤다.   (   )

❷ 글 **㉮**에서 경찰들은 시민들의 비슷한 신고가 계속되자 수사를 시작했다.   (   )

❸ 글 **㉯**에서 오피스텔에서 발생한 불은 건물의 전 층으로 퍼졌다.   (   )

❹ 글 **㉯**에서 김 씨가 불을 지른 이유가 정확하게 밝혀졌다.   (   )

단어장		
체포하다	끈질기다	번지다
거주자	수사	신속하다
혐의를 받다	방화	
잇따르다	대피하다	

1. 여러분은 지금까지 살면서 직접 경험한 사건이나 사고가 있습니까? 메모해 보세요.

① 언제	
② 어디에서	
③ 무엇을	
④ 어떻게	
⑤ 왜	
⑥ 그때 기분	

2. 위의 내용을 바탕으로 자신이 경험한 사건이나 사고에 대한 글을 써 보세요.

저는 지금까지 살면서

사고와 예방

국가통계포털(http://kosis.kr)에 따르면 한국에서는 대체로 매년 30만 건의 사고가 발생한다. 이 중에 교통사고가 압도적으로 많아 전체 사고의 70% 이상을 차지한다. 교통사고 다음으로는 화재 사고가 많은데 대략 전체 사고의 15% 정도이다. 그리고 등산 사고, 추락 사고, 자전거 사고가 뒤를 잇는데 발생 건수는 앞의 두 사고보다 훨씬 적어서 각각 전체 사고의 2% 안팎이다.

이 결과를 볼 때 많은 사고는 우리가 조금만 주의하면 대부분 예방할 수 있는 것들이다. 대표적인 예로 교통사고는 교통 법규를 잘 지키고 갑자기 생길지도 모르는 돌발 상황에 미리 대비하여 운전하는 습관을 가진다면 예방할 수 있다. 과속을 하면 안 되고 무리하게 추월하거나 끼어들기를 하는 것은 위험하다. 특히 사고 예방을 위해서는 안전거리를 유지하는 습관을 갖는 게 좋다.

그리고 최근에는 휴대 전화로 인한 교통사고가 늘고 있는데 운전 중 휴대 전화를 보거나 휴대 전화를 사용하는 것은 매우 위험하다. 뿐만 아니라 보행자도 휴대 전화를 보면서 걸어가는 것은 사고의 위험이 높으므로 주의해야 한다.

1) 한국에서는 어떤 사고가 많이 발생합니까?
2) 최근에는 어떤 이유 때문에 교통사고가 많이 발생하고 있다고 합니까?
3) 여러분 고향에서는 어떤 사고가 많이 발생합니까?

자주 발생하는 사고

교통사고 화재 사고 등산 사고 추락 사고 자전거 사고

8 KOR NEWS 교통사고…사망자 2명, 부상자 3명

☐ 넘어지다	☐ 성인병	☐ 절도
☐ 미끄러지다	☐ 빙판	☐ 방화
☐ 물에 빠지다	☐ 화상을 입다	☐ 폭행
☐ 떨어지다	☐ 붕대	☐ 강도
☐ 치이다	☐ 천만다행이다	☐ 뺑소니
☐ 베이다	☐ 하마터면	☐ 체포하다
☐ 데다	☐ 부딪히다	☐ 거주자
☐ 부러지다	☐ 문병	☐ 혐의를 받다
☐ 찢어지다	☐ 가해자	☐ 잇따르다
☐ 깁스	☐ 피해자	☐ 끈질기다
☐ 목발을 짚다	☐ 부상자	☐ 수사
☐ 꿰매다	☐ 사망자	☐ 방화
☐ 만지다	☐ 용의자	☐ 대피하다
☐ 운행되다	☐ 항의하다	☐ 번지다
☐ 지연되다	☐ 침입	☐ 신속하다
☐ 자극적	☐ 취객	
☐ 과다 섭취	☐ 사기	

10 언어생활

어휘: 올바른 언어생활, 한국어 사용의 어려움

문법: 동-고 말다

　　 동형-는 척하다

활동: 한국어 사용의 어려움에 대해 말하기

　　 한국어 사용의 어려움에 대해 쓰기

문화와 정보: 말과 관련된 한국 속담

1. 올바른 언어생활을 위해 지켜야 할 것은 무엇일까요?

언어 예절을 지키다

올바른 언어를 사용하다

때와 장소에 맞게 말하다

표준어를 구사하다

정확하게 발음하다

적절한 호칭을 쓰다

비속어를 사용하지 않다

2. 여러분은 한국어로 말할 때 어떤 어려움이 있어요?

맞춤법이 틀리다

띄어쓰기를 잘못하다

발음이 부정확하다

억양이 부자연스럽다

속담 활용이 어렵다

신조어/유행어를 따라 하다

단어가 잘 안 떠오르다

모국어를 섞어 쓰다

높임말이 헷갈리다

사투리를 쓰다

동문서답하다

의도한 대로 말이 잘 안 나오다

아직 맞춤법이 많이 틀리는데 맞춤법에 맞게 잘 쓰고 싶어요.

제가 의도한 대로 말이 잘 안 나올 때가 많아요.

1 동-고 말다

의도하지 않은 어떤 일이 결국 일어났음을 나타낸다.

아나이스: 어제 면접 본다고 했는데 잘 봤어요?
제 이 슨: 아니요, 면접관 질문을 잘못 이해해서
　　　　　동문서답하고 말았어요.

예문
• 가: 어젯밤에 축구 경기 보느라고 잠을 잘 못 잤어요.
　나: 저도 보려고 했는데 너무 피곤해서 잠이 들고 말았어요.
• 담배를 끊으려고 결심했지만 결국 다시 피우고 말았다.
• 고향에 있는 동안 한국말을 안 해서 다 잊어버리고 말았다.

-고 말다	• 잊다	→ 잊고 말다
	• 헷갈리다	→ 헷갈리고 말다

1. 보기와 같이 친구와 이야기해 보세요.

보기

회의할 때 실수한 것이
있어요?

네. 제 발음이 부정확해서 사람들이
잘못 알아듣고 말았어요.

발음이 부정확해서 사람들이 잘못 알아듣다

1) 높임말이 헷갈려서 과장님께 반말을 하다
2) 단어가 잘 안 떠올라서 모국어를 섞어 쓰다
3) 적절한 호칭을 몰라서 거래처 사람들을 잘못 부르다
4) 뜻을 잘못 알고 비속어를 사용하다

2. 여러분이 의도하지 않았는데 일어난 일이 있어요? 친구들과 이야기해 보세요.

• 청소할 때
• 다이어트를 할 때
• 중요한 시험이 있을 때

어제 청소를 하다가 부딪혀서
꽃병을 깨고 말았어요.

단어장

결심하다
거래처

2 동 형 -는 척하다

앞말이 뜻하는 행동이나 상태를 거짓으로 그럴듯하게 꾸밀 때 사용한다.

고천: 요즘은 유행어가 빨리 바뀌어서 무슨 말인지
　　　이해를 잘 못하겠어요.

라민: 저도 모르는 유행어가 많은데 그냥 따라 하면서
　　　아는 척해요.

예문

• 가: 친구들 모임에 잘 다녀왔어요?

　나: 안 갔어요. 나가기 싫어서 바쁜 척했어요.

• 친구가 하는 말이 이해가 안 됐지만 공감하는 척했어요.

• 길에서 넘어졌는데 너무 창피해서 아프지 않은 척했어요.

-는 척하다	• 지키다	→ 지키는 척하다
	• 따라 하다	→ 따라 하는 척하다
	★ 알다	→ 아는 척하다
-은 척하다	• 많다	→ 많은 척하다
	• 좋다	→ 좋은 척하다
-ㄴ 척하다	• 예쁘다	→ 예쁜 척하다
	• 어색하다	→ 어색한 척하다

---

1. 보기 와 같이 친구와 이야기해 보세요.

> 친구가 지루한 이야기를
> 할 때 어떻게 해요?

> 지루해도
> 재미있는 척해요.

보기	친구가 지루한 이야기를 할 때	지루해도 재미있다
1)	광고 전화를 받았을 때	한국어를 전혀 못하다
2)	말다툼한 사람을 길에서 만났을 때	그 사람을 모르다
3)	친구가 준 선물이 마음에 안 들 때	마음에 안 들어도 기분이 좋다
4)	고향의 가족들이 걱정할 때	별일 없이 잘 살다

---

2. 다음 질문에 '-는 척하다'를 사용해서 이야기해 보세요.

> • 언제 바쁜 척해요?
> • 언제 자는 척해요?
> • 언제 멋있는 척해요?

> 받기 싫은 전화를 받았을 때 바쁜 척해요.

단어장

지루하다
전혀
말다툼
별일

1. 라민 씨와 이링 씨가 한국어 사용의 어려움에 대해 이야기합니다. 다음 대화처럼 이야기해 보세요.

라민: 이링 씨는 한국에 온 지 오래돼서 이제 적응이 다 됐죠?

이링: 생활하는 건 괜찮은데 오래 살수록 한국어가 점점 더 어려워지는 것 같아요.

라민: 그래요? 저는 이링 씨 한국어가 유창해서 항상 부러웠는데요.

이링: 어휘나 문법은 많이 알아도 의도한 대로 말이 잘 안 나올 때가 많아요.

라민: 저도 그래요. 단어가 잘 안 떠오를 때가 많고 마음이 급하면 모국어를 섞어 쓰기도 해요. 그럴 때마다 좀 부끄러워요.

이링: 계속 노력하면 점점 더 나아지겠죠? 같이 노력해 봐요.

모국어, 동문서답

4-10 EBOOK

1) 의도한 대로 말이 잘 안 나오다 │ 마음이 급하면 모국어를 섞어 쓰다

2) 때와 장소에 맞게 말을 못하다 │ 가끔 동문서답하다

2. 여러분은 한국어를 사용할 때 어떤 어려움이 있어요? 친구와 함께 이야기해 보세요.

한국어 사용의 어려움

• 발음이 부정확해서 사람들이 자꾸 다시 질문한다.

• 한국어를 배울 때 표준어만 배워서 사투리 쓰기가 쉽지 않다.

• 신조어나 유행어를 따라 하고 싶은데 너무 빨리 바뀐다.

단어장
유창하다

1. 여러분은 다른 사람과 말할 때 어떤 문제가 있습니까?

저는 평소에 직설적으로 말하는 편인데 상대방이 가끔 상처를 받아요.

억양이 부자연스러워서 제가 말할 때마다 사람들이 고향이 어디냐고 물어봐요.

격식을 차려서 말해야 하는 상황에서 어떻게 말해야 할지 잘 모를 때가 많아요.

2. 잠시드 씨와 안젤라 씨가 이야기합니다. 잘 듣고 질문에 답해 보세요.

10-L.mp3

1) 거래처와의 회의 결과가 어떻습니까?

_____

2) 들은 내용과 같으면 ○, 다르면 X 하세요.

❶ 안젤라 씨는 회의 준비를 열심히 하지 않았다. ( )

❷ 거래처 사람들이 좀 불쾌해 하는 것 같았다. ( )

❸ 안젤라 씨는 때와 장소에 맞게 말할 수 없었다. ( )

3) 안젤라 씨는 회의에서 자신의 의견을 어떻게 말했습니까?

_____

단어장

직설적이다
격식을 차리다
제안

10-P.mp3

발음

자음 + ㅢ → [이]

띄어쓰기[띠어쓰기]
무늬[무니]
희망[히망]

다음을 듣고 따라 읽으세요.

1) 아직도 **띄어쓰기**가 어려워요.

2) **무늬**가 많은 옷을 자주 입어요.

3) **희망**을 갖고 노력하면 언젠가는 잘될 거예요.

1. 다음은 신조어 사용에 대한 다양한 의견입니다. 긍정적인 면과 부정적인 면을 이야기해 보세요.

신조어 사용을 긍정적으로 보는 이유
• 재치가 있다.
• 새로운 현상을 표현할 수 있다.
• 쉽게 공감할 수 있다.
• 젊은 세대와 소통이 잘된다.

신조어 사용을 부정적으로 보는 이유
• 언어가 파괴된다.
• 의미가 확실하지 않다.
• 혼란을 일으킨다.
• 세대 간의 소통 단절을 유발한다.

2. 다음은 신조어 사용에 대한 토론 내용입니다. 여러분의 의견도 함께 이야기해 보세요.

요즘은 뉴스나 신문에서도 신조어를 많이 사용하는데 새로운 현상들을 표현하기 위해 어느 정도의 신조어는 필요하다고 생각해요.

맞아요. 사회가 급변하니까 그런 특징들을 표현하려면 신조어만큼 딱 맞는 것도 없지요. 몇몇 신조어들은 저도 쉽게 공감할 수 있어서 자주 쓰고 있어요.

정말 필요할 때 사용하는 건 저도 동의하지만 대부분이 습관적으로 사용해서 문제인 것 같아요. 우리 아들이 말하는 걸 들어 보면 도대체 무슨 말인지 반도 못 알아들을 때가 많거든요.

저도 무분별하게 사용하는 건 문제라고 생각해요. 하지만 기성세대도 신조어를 많이 알고 있으면 오히려 젊은 세대와 소통이 잘될 수 있지 않을까요?

긍정적인 면이 있어도 의미가 확실하지 않으니까 격식을 차려야 하는 자리에서는 안 쓰는 게 좋을 것 같아요.

3. 다음은 신조어 사용에 대한 칼럼입니다. 잘 읽고 질문에 답해 보세요.

사회가 변화함에 따라 우리가 사용하는 언어가 새롭게 만들어지기도 한다. 과거에는 없었던 것들을 표현하고, 급변하는 사회의 특징을 반영하기 위해 신조어가 자연스럽게 등장했다. 그러나 신조어의 사용은 언어를 파괴하고 기성세대와의 소통 단절을 유발하는 요인이 되기도 한다.

한 설문 조사 결과에 따르면 89.2%의 직장인이 신조어 때문에 세대 차이를 느낀 적이 있고, 신조어 사용이 비교적 활발한 20대의 96%가 뜻을 이해하지 못해 검색해 봤다고 답했다. 전문가들은 신조어의 출현이 자연스러운 현상이라고 인정하면서도 의사소통의 어려움을 가져올 정도로 무분별하게 사용하는 것은 문제가 있다고 지적한다. 한편 신조어를 사용하면 젊어지는 기분이 들고, 자녀들과의 대화도 늘어서 좋다는 기성세대도 있다. 그 밖에 신조어의 사용을 긍정적으로 평가하는 이유로 '재치 있는 말들이 많아서', '새로운 현상을 적절하게 표현할 수 있어서', '쉽게 공감할 수 있어서'라는 응답도 있었다.

그러나 신조어를 사용할 경우, 의미 전달이 명확하지 않아 혼란을 가져올 수 있다. 따라서 미디어나 보고서 등 공식적인 상황에서 사용하는 것은 지양하는 것이 바람직하다.

1) 신조어가 등장하게 된 배경은 무엇입니까? _____

2) 윗글의 내용과 같은 것을 고르세요.

❶ 신조어는 사회의 특징을 반영하기 위해 꼭 필요하다.

❷ 신조어의 뜻을 이해하지 못하는 직장인이 약 90%를 차지한다.

❸ 전문가들은 신조어 때문에 의사소통의 어려움을 느낀다.

❹ 신조어는 급변하는 사회 모습을 나타내지 못한다.

3) 신조어를 공식적인 상황에서 사용하는 것을 지양해야 하는 이유를 고르세요.

❶ 세대 간의 소통 단절을 유발한다.

❷ 새로운 현상을 적절하게 표현할 수 있다.

❸ 정확성이 떨어지고 혼란을 일으킬 수 있다.

❹ 재치 있는 표현이 많아 쉽게 공감을 할 수 있다.

단어장

칼럼
배경
급변하다
반영하다
세대 차이
출현
인정하다
의사소통
지적하다
적절하다
미디어
지양하다

1. 한국어를 하면서 어떤 어려움을 느낍니까? 그리고 어떤 노력이 필요하다고 생각합니까?

> 한국어를 하면서 느끼는 어려운 점
> -
> -
> -

> 필요한 노력
> -
> -
> -

2. 한국어를 하면서 여러분이 느끼는 어려움을 써 보세요. 그리고 그것을 극복하기 위해 어떤 노력이 필요한지도 써 보세요.

말과 관련된 한국 속담

속담은 예로부터 전해 오는 인생에 대한 가르침을 간결하게 표현하는 말이다. 속담은 오랜 인생 경험을 통해 얻은 교훈으로서, 그 안에는 한국인의 사고방식과 행동 양식이 담겨 있다.

한국인들은 전통적으로 말의 가치를 중요하게 여겼다. 그래서 말과 관련된 속담이 특히 많고 현대인들에게도 아주 친숙하게 사용되고 있다. 예를 들어 '가는 말이 고와야 오는 말이 곱다', '말 한마디에 천 냥 빚도 갚는다', '말이 씨가 된다'와 같은 속담에는 말을 중시하는 한국인의 사고방식이 반영되어 있다.

한편 '발 없는 말이 천 리 간다'는 속담이나 '호랑이도 제 말 하면 온다', '낮말은 새가 듣고 밤말은 쥐가 듣는다'는 속담처럼 말을 할 때는 조심해서 하라는 교훈이 담긴 속담도 많다. 이 밖에 어떤 상황에서든지 말은 언제나 바르게 하고 가려서 해야 한다는 의미가 담긴 '입은 삐뚤어져도 말은 바로 해라', '같은 말이라도 아 다르고 어 다르다'라는 속담이 있다.

1) 한국에 말과 관련된 속담이 많은 이유가 무엇입니까?
2) '말을 조심해서 하라'는 의미가 담긴 속담에는 어떤 것들이 있습니까?
3) 여러분 고향에는 말과 관련된 속담으로 무슨 속담이 있습니까?

말을 곱게 하세요.

가는 말이 고와야 오는 말이 고운 법이에요.

낮말은 새가 듣고 밤말은 쥐가 들어요!

호랑이도 제 말 하면 온다.

- [ ] 언어 예절을 지키다
- [ ] 올바른 언어를 사용하다
- [ ] 때와 장소에 맞게 말하다
- [ ] 표준어를 구사하다
- [ ] 정확하게 발음하다
- [ ] 적절한 호칭을 쓰다
- [ ] 비속어
- [ ] 맞춤법이 틀리다
- [ ] 띄어쓰기를 잘못하다
- [ ] 발음이 부정확하다
- [ ] 억양이 부자연스럽다
- [ ] 속담
- [ ] 활용
- [ ] 신조어
- [ ] 유행어
- [ ] 단어가 잘 안 떠오르다
- [ ] 모국어
- [ ] 섞다
- [ ] 헷갈리다
- [ ] 사투리를 쓰다
- [ ] 동문서답하다
- [ ] 의도하다
- [ ] 결심하다
- [ ] 거래처
- [ ] 지루하다
- [ ] 전혀

- [ ] 말다툼
- [ ] 별일
- [ ] 유창하다
- [ ] 직설적이다
- [ ] 격식을 차리다
- [ ] 제안
- [ ] 재치
- [ ] 현상
- [ ] 파괴
- [ ] 혼란을 일으키다
- [ ] 단절
- [ ] 유발하다
- [ ] 무분별하다
- [ ] 칼럼
- [ ] 배경
- [ ] 급변하다
- [ ] 반영하다
- [ ] 세대 차이
- [ ] 출현
- [ ] 인정하다
- [ ] 의사소통
- [ ] 지적하다
- [ ] 적절하다
- [ ] 미디어
- [ ] 지양하다

11 교육 제도

- 이 사람들은 무엇을 하고 있어요?
- 여러분은 한국의 교육 제도에 대해서 무엇을 알고 있어요?

1. 다음을 보고 어떻게 생각하는지 이야기해 보세요.

국립 / 공립 학교

국립 또는 공립 학교는 국가나 지방 공공 단체가 운영해서 학비가 싸다.

사립 학교

사립 학교는 경쟁이 심해서 입학하기 쉽지 않다.

대안 학교

대안 학교에서는 학교 교육의 문제를 해결하기 위해서 자율적인 교육 프로그램을 운영한다.

공교육

공교육은 국가의 제도 속에서 교육이 이루어진다.

사교육

공교육을 보충하기 위해서 학교 밖에서 사교육이 이루어진다.

교육열

자식에 대한 학부모들의 교육열이 점점 높아지고 있다.

주입식 교육

주입식 교육에서는 정보, 지식을 암기하는 수업이 이루어진다.

창의 교육

창의 교육에서는 새롭고 흥미로운 생각을 나누는 수업이 이루어진다.

인성 교육

인성 교육에서는 사람의 마음, 성격을 키우는 수업이 이루어진다.

2. 여러분은 다음에 대해서 어떻게 생각하세요? 교육에 대한 생각을 이야기해 보세요.

- 교육열
- 주입식 교육 / 창의 교육
- 인성 교육

한국은 입시 경쟁도 치열하고 교육열도 높은 것 같아요.

예전에는 학교에서 대부분 지식 중심의 주입식 교육이 이루어졌는데 점점 창의 교육이 중요해지는 것 같아요.

개인의 입시를 위한 교육도 필요하지만 우리 사회를 생각하면 인성 교육이 더 강화되어야 할 것 같아요.

1 명 조차

그 상황의 이상의 것이 더해짐을 나타낼 때 사용한다.

박민수: 어제 초등학교 때 선생님을 뵀는데 하나도 안 변하셔서 깜짝 놀랐어요.

김영욱: 저는 학교를 졸업한 지 오래돼서 선생님 얼굴조차 기억이 안 나요.

예문

• 가: 팀장님이 저한테 화가 많이 나신 것 같아요. 저하고 눈조차 안 마주치세요.

　나: 오해하시는 거 아니에요? 제가 볼 때는 아닌 것 같은데요.

• 입학시험에 떨어지는 것은 생각조차 하기 싫어요.

• 몸이 너무 아파서 일어나는 것조차 힘들어요.

조차	• 음식 ➞ 음식조차
	• 산책 ➞ 산책조차
	• 인사 ➞ 인사조차
	• 전화 ➞ 전화조차

1. 보기와 같이 연결해서 이야기해 보세요.

한국어를 처음 배울 때 이름조차 못 썼어요.

보기	한국어를 처음 배울 때	………………	이름조차 못 쓰다
1)	한국 생활에 적응하지 못했을 때	•	말조차 안 나오다
2)	회사 일이 힘들어서 그만두었을 때	•	친구조차 못 만나다
3)	고향 친구가 죽었다는 소식을 들었을 때	•	혼자 외출조차 못하다
4)	대학 입학시험을 준비하느라고 바빴을 때	•	가족에게조차 말하지 못하다

2. 여러분은 생각조차 하기 싫은 경험을 해 봤어요? 친구들과 이야기해 보세요.

• 돈이 없었을 때
• 몸이 많이 아팠을 때
• 한국에 처음 왔을 때

돈이 없었을 때 월세조차 내기 힘들었어요.

2 동형 -기 마련이다

그러한 일이 있는 것이 당연함을 나타낼 때 사용한다.

후엔: 우리 애가 공부를 안 해서 고민이에요.

고천: 걱정하지 마세요. 때가 되면 스스로 공부하기
마련이에요.

예문

- 가: 예전에는 한국 음식을 못 먹었는데 요즘에는 매운
한국 음식도 잘 먹어요.

  나: 그 나라에서 오래 살면 그곳 음식에 **익숙해지기
  마련이에요.**

- 시간이 지나면 **잊히기 마련이다.**

- 기대가 크면 실망도 **크기 마련이다.**

-기 마련이다	• 살다	→ **살기 마련이다**
	• 늙다	→ **늙기 마련이다**
	• 보다	→ **보기 마련이다**
	• 크다	→ **크기 마련이다**
	• 실수하다	→ **실수하기 마련이다**

---

1. 여러분은 이런 상황에 대해 뭐라고 말해요? 보기 **와 같이 바꿔 보세요.**

> 요즘 일이 많아서
> 잠을 못 잤더니 몸살이 났어요.

> 무리하게 일하면 병이 나기
> 마련이에요.

보기	요즘 일이 많아서 잠을 못 잤더니 몸살이 났어요.	무리하게 일하면 병이 나다
1)	저 배우는 예전에 참 멋있었는데 이제 많이 늙었어요.	사람은 누구나 늙다
2)	아이한테 게임하지 말라고 여러 번 말했는데 말을 안 들어요.	잔소리하면 말을 더 안 듣다
3)	아이를 키우니까 부모님 생각이 자주 나요.	아이를 낳아 보면 부모님 마음을 이해하다
4)	내 친구 둘이 그렇게 싸우더니 결혼했어요.	싸우면서 정이 들다

---

2. 친구의 고민을 듣고 '-기 마련이다'를 사용하여 이야기해 보세요.

> • 이번에는 취직할 줄 알았는데 잘 안 됐어요.
> • 곧 결혼해야 하는데 돈을 많이 못 모았어요.
> • 4단계를 공부하는데 한국어가 늘지 않아서 걱정이에요.

> 준비된 사람에게 기회가 오기 마련이니까
> 조금만 더 기다려 보세요.

단어장

실망
늙다

1. 제이슨 씨와 애나 씨가 사교육에 대해서 이야기합니다. 다음 대화처럼 이야기해 보세요.

제이슨: 어제 뉴스를 보니 고3 학생들이 사교육을 받느라고
　　　　 학업 스트레스가 심하대요.
　　　　 잠을 못 자거나 머리가 빠지기도 하고 밥조차 못 먹는
　　　　 경우도 있고요.

애　　나: 스트레스를 많이 받으면 병이 나기 마련이지요.
　　　　 하지만 한국은 워낙 대학 입시 경쟁이 치열하니까
　　　　 어쩔 수 없는 것 같아요.

제이슨: 요즘 아이들은 학교와 학원 공부 때문에 힘들게
　　　　 10대를 보내는 것 같아서 안쓰러워요. 학교 수업이
　　　　 끝나고도 학원에 가서 밤늦게까지 공부하잖아요.

애　　나: 자신의 아이들을 좋은 대학에 보내려면 부모들이 사교육을 많이 시킬 수밖에 없어요.

제이슨: 그렇다고 해도 학부모들의 교육열이 너무 지나친 거 아니에요?

애　　나: 부모들은 자녀들이 좋은 대학에 가길 바라니까요. 그래서 저는 사교육을 시키는 부모의
　　　　 마음도 이해돼요.

제이슨: 교육 문제는 쉽게 해결될 수 없겠지만 교육 제도는 꼭 개선해야 돼요. 그러면 사교육이나
　　　　 부모들의 교육열 문제도 해결될 거라고 생각해요.

4-11 EBOOK

1) 대학 입시 경쟁이 치열하다 ｜ 학원에 가서 밤늦게까지 공부하다

2) 학력을 중시하다 ｜ 평일뿐만 아니라 주말에도 과외를 받다

2. '사교육은 꼭 필요한가?'에 대해 찬성 입장과 반대 입장이 되어 이야기해 보세요.

찬성	반대
• 학교 성적이 좋지 않은 학생들이 사교육을 받으면 성적을 향상시킬 수 있다. • 부족한 부분을 보충할 수 있다.	• 지나친 사교육으로 스트레스를 받아 건강을 해칠 수 있다. • 사교육에 의지해서 학교 공부를 소홀히 할 수 있다.

단어장

경쟁
치열하다
학력
중시하다

듣기

1. 여러분은 조기 외국어 교육에 대해 어떻게 생각합니까?

> 외국어는 어릴 때부터 배우는 게 좋다고 생각해요.

> 어릴 때 배울수록 정확하게 발음을 할 수 있어요.

11-L.mp3

2. 방송에서 사회자와 전문가가 이야기합니다. 잘 듣고 질문에 답해 보세요.

1) 무엇에 대해서 이야기하고 있습니까? _____

2) 남자가 말한 내용과 <u>다른</u> 것은 무엇입니까?

❶ 인재가 되려면 외국어를 유창하게 해야 한다.

❷ 아이들은 새로운 것에 대한 호기심이 강하다.

❸ 언어는 어린 나이에 배울수록 발음이 정확하다.

❹ 아동기에는 집중력이 좋아서 외국어를 쉽게 배운다.

3) 들은 내용과 같으면 ○, 다르면 X 하세요.

❶ 요즘 아이들은 모국어조차 제대로 말할 수 없다.   (   )

❷ 어린 나이에 외국어를 배우면 부작용이 생길 수 있다.   (   )

❸ 유아기에는 집중력이 부족해서 학습이 이루어지기 힘들다.   (   )

> **단어장**
>
> 세계화
> 유창하다
> 유아기
> 아동기
> 습득력
> 부작용
> 무분별하다

11-P.mp3

발음

[ㄱ, ㄷ, ㅂ] + [ㄱ, ㄷ, ㅂ, ㅅ, ㅈ] → [ㄱ, ㄷ, ㅂ] + [ㄲ, ㄸ, ㅃ, ㅆ, ㅉ]

초등학교[초등학꾜]
입시[입씨]
입장[입짱]

다음을 듣고 따라 읽으세요.

1) **초등학교**에 들어가기 전부터 영어를 배워요.

2) 대학 진학을 위한 **입시** 경쟁이 치열해요.

3) 부모의 **입장**에서는 이해가 돼요.

1. 다음은 한국의 교육 제도에 관한 내용입니다. 한국의 학제에 대해 알아보세요.

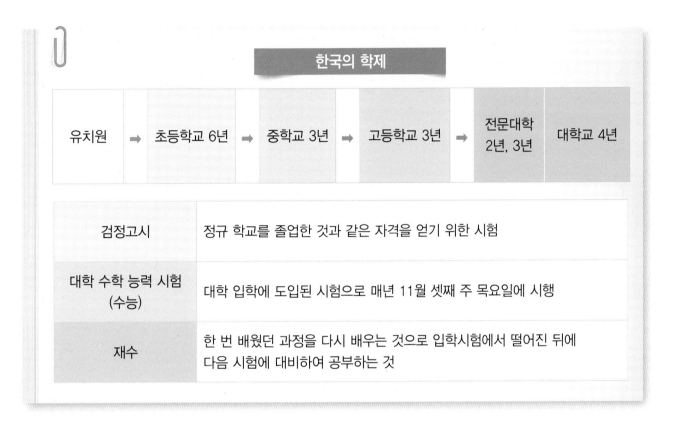

한국의 학제	

유치원 → 초등학교 6년 → 중학교 3년 → 고등학교 3년 →	전문대학 2년, 3년	대학교 4년

검정고시	정규 학교를 졸업한 것과 같은 자격을 얻기 위한 시험
대학 수학 능력 시험 (수능)	대학 입학에 도입된 시험으로 매년 11월 셋째 주 목요일에 시행
재수	한 번 배웠던 과정을 다시 배우는 것으로 입학시험에서 떨어진 뒤에 다음 시험에 대비하여 공부하는 것

2. 다음은 다양한 학습의 형태를 나타내는 말입니다. 각각의 장점을 이야기해 보세요.

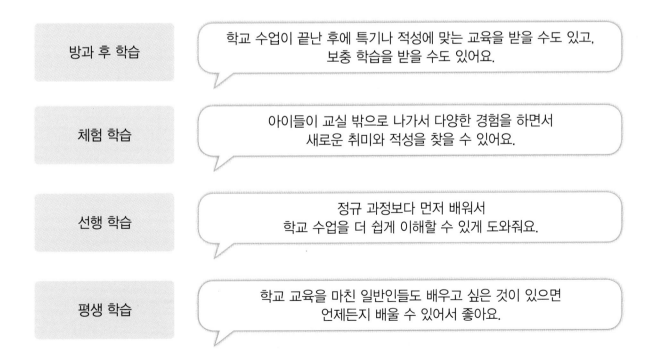

방과 후 학습
> 학교 수업이 끝난 후에 특기나 적성에 맞는 교육을 받을 수도 있고, 보충 학습을 받을 수도 있어요.

체험 학습
> 아이들이 교실 밖으로 나가서 다양한 경험을 하면서 새로운 취미와 적성을 찾을 수 있어요.

선행 학습
> 정규 과정보다 먼저 배워서 학교 수업을 더 쉽게 이해할 수 있게 도와줘요.

평생 학습
> 학교 교육을 마친 일반인들도 배우고 싶은 것이 있으면 언제든지 배울 수 있어서 좋아요.

3. 다음은 한국의 교육 과정에 대한 글입니다. 잘 읽고 질문에 답해 보세요.

한국의 학제는 6-3-3-4학제로, 초등학교 6년, 중학교 3년, 고등학교 3년, 대학교 4년(전문대학 2~3년)으로 구성되어 있다. 한 학년은 두 개의 학기로 이루어져 있으며 1학기는 3월에, 2학기는 9월에 시작한다. 각 학기 사이에는 여름 방학(7~8월)과 겨울 방학(12~1월)이 있다.

초등학교 과정은 6년이다. 만 6세부터 초등학교에 다닐 수 있다. 중학교 과정은 3년이고 집에서 가까운 학교로 배정받게 된다. 초등학교와 중학교는 의무 교육이며 무상 교육이다.

고등학교 과정은 3년으로 무상 교육을 받을 수 있다. 고등학교는 일반 고등학교 이외에 대안 학교가 있는데, 여기서는 학생 개인에게 맞는 인성과 창의 교육이 이루어진다. 한편, 이러한 공교육 과정 이외에 검정고시를 통해서도 초, 중, 고등학교를 졸업한 것과 같은 자격을 얻을 수 있다.

한국의 대학에는 4년제 대학과 2년제 또는 3년제의 전문대학이 있다. 전문대학은 직업과 관련된 전문 기술을 주로 배운다. 대학의 입시 유형에는 수시 모집과 정시 모집이 있다. 대학 입시에는 특별 전형이 있어서 다문화 가정 자녀나 외국인 등 특별한 조건을 가진 학생도 대학에 지원할 수 있다. 학생들이 입시 결과에 만족하지 못하면 다음 시험에 대비하여 다시 공부하는 '재수'를 하기도 한다.

한국은 대학 진학률이 70%로 경제 협력 개발 기구(OECD) 국가 중 1위를 차지할 정도로 교육열이 높은 편이다. 지나치게 높은 교육열이 가져오는 부작용도 있지만, 높은 교육열 덕분에 정보 기술(IT), 의료, 패션 등 다양한 분야에서 세계 최고의 인재를 양성하고 국가 발전을 이끌 수 있었다.

1) 윗글의 제목으로 알맞은 것을 고르세요.

   ❶ 한국의 교육열　　❷ 한국의 교육 제도　　❸ 한국의 대학 입학

2) 윗글의 내용과 같으면 ○, 다르면 X 하세요.

   ❶ 한 학년은 1학기, 2학기가 있다. 　　　　　　(　　　)

   ❷ 초등학교, 중학교는 의무 교육이다. 　　　　　(　　　)

   ❸ 고등학교는 무상 교육으로 학교에 꼭 다녀야 한다. 　(　　　)

3) 공교육 이외에 초, 중, 고등학교를 졸업한 것과 같은 자격을 얻는 방법은 무엇입니까?

_____

단어장	
구성되다	모집
의무	전형
무상	조건
수시	진학률
정시	

1. 여러분 고향의 교육 제도는 어떻습니까? 간단히 써 보세요.

학제
초등학교 :
중 학 교 :
고등학교 :

교육의 특징

대학 입시

2. 위의 내용을 바탕으로 여러분 나라의 교육 제도를 설명하는 글을 써 보세요.

평생 교육

최근 한국 사회에서 평생 교육이 보편화되고 있다. 일반적으로 교육은 초등학교부터 대학교까지 연계되는 학교 교육이 중심이었다. 그러나 사회가 발전하면서 학교 교육을 마친 사회인에 대한 교육의 중요성이 커졌다. 평생 교육은 이러한 배경에서 비롯되었다.

한국의 평생 교육 과정은 두 가지로 나뉘어진다. 하나는 학위 과정이고 다른 하나는 자격증 또는 수료증을 받는 과정이다. 평생 교육을 담당하는 교육 기관도 대학과 민간 평생 교육 기관으로 나뉘어진다.

최근에는 원격으로 평생 교육을 받을 기회가 넓어지고 있어서 가정주부나 직장인이 평생 교육을 받기가 편리해졌다. 원격 대학과 원격 평생 교육 기관의 학점 은행제를 활용하면 원격 교육으로 학위도 받을 수 있다. 평생 교육에서 인기 있는 분야는 주로 실용 학문 또는 실무 기술 분야이다. 피부 미용, 사회 복지, 상담, 보육, 레크리에이션, 외국어가 대표적인 예이다.

1) 한국의 평생 교육 과정 두 가지는 무엇입니까?
2) 요즘 평생 교육에서 인기 있는 분야는 어느 분야입니까?
3) 여러분 고향의 평생 교육을 소개해 보세요.

배운 어휘 확인

☐ 국립/공립	☐ 유창하다
☐ 국가	☐ 유아기
☐ 지방 공공 단체	☐ 아동기
☐ 운영하다	☐ 습득력
☐ 대안	☐ 부작용
☐ 자율적	☐ 무분별하다
☐ 공교육	☐ 검정고시
☐ 사교육	☐ 대학 수학 능력 시험(수능)
☐ 보충하다	☐ 재수
☐ 교육열	☐ 방과 후 학습
☐ 주입식 교육	☐ 체험 학습
☐ 암기하다	☐ 선행 학습
☐ 창의 교육	☐ 평생 학습
☐ 인성 교육	☐ 구성되다
☐ 강화되다	☐ 의무
☐ 실망	☐ 무상
☐ 늙다	☐ 수시
☐ 경쟁	☐ 정시
☐ 치열하다	☐ 모집
☐ 학력	☐ 전형
☐ 중시하다	☐ 조건
☐ 세계화	☐ 진학률

12 선거와 투표

어휘: 선거 어휘

문법: 동-나 보다, 형-은가 보다
　　　명이야말로

활동: 선거에 대해 말하기
　　　지도자의 자질에 대해 쓰기

문화와 정보: 한국의 선거

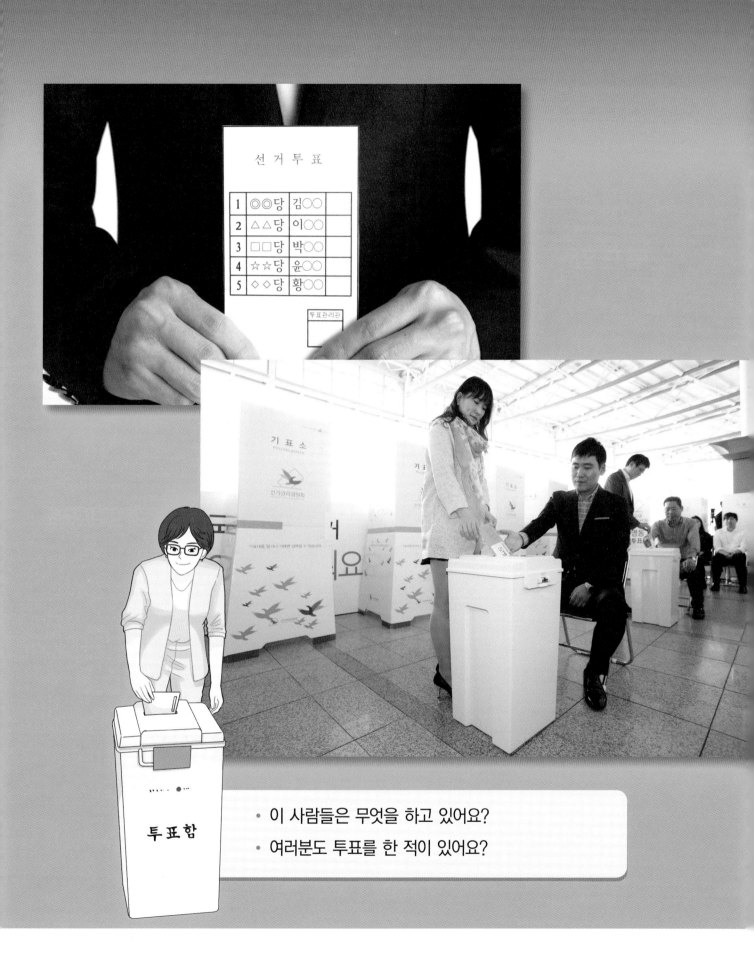

선 거 투 표

1	○○당	김○○	
2	△△당	이○○	
3	□□당	박○○	
4	☆☆당	윤○○	
5	◇◇당	황○○	

투표관리관

기표소
POLLING BOOTH

선거관리위원회

투표함

- 이 사람들은 무엇을 하고 있어요?
- 여러분도 투표를 한 적이 있어요?

1. 한국에는 무슨 선거가 있어요? 이야기해 보세요.

종류	선발
대선	대통령
총선	국회 의원
지방 선거	교육감 광역 단체장–시장, 도지사 기초 단체장–시장, 구청장, 군수 광역 의원–시 의원, 도 의원 지역구 의원–구 의원, 시 의원, 군 의원 비례 대표 광역 의원 비례 대표 기초 의원

2. 선거를 할 때 사람들은 무엇을 해요? 이야기해 보세요.

선거 운동	투표	개표

후보자

선거 운동을 하다

선거 공약을 하다

선거 포스터

지지하다

유권자　　투표소

신분을 확인하다

투표용지를 받다

기표소　　투표하다

투표함에 넣다

개표하다

지지율이 높다/낮다

득표율이 높다/낮다

당선되다

1 동-나 보다, 형-은가 보다

말하는 사람의 추측을 나타낸다.

후엔: 저 사람들은 뭐 하는 거예요?
민수: 다음 달에 있을 선거 운동을 하나 봐요.

예문

• 가: 와, 박수 소리가 큰데요.

　나: 네, 지금 연설을 마친 후보자를 지지하는 사람이
　　　많은가 봐요.

• 라흐만 씨가 도서관에 자주 가는 것을 보니 책을 많이
　읽나 봐.

• 이링 씨가 오늘 많이 피곤한가 봐.

-나 보다	• 읽다 → 읽나 보다 • 지지하다 → 지지하나 보다 ★ 만들다 → 만드나 보다
-은가 보다	• 좋다 → 좋은가 보다 • 높다 → 높은가 보다
-ㄴ가 보다	• 성실하다 → 성실한가 보다

Tip 명사의 경우 '명인가 보다'를 사용한다.

1. 보기와 같이 친구와 이야기해 보세요.

> 저 사람들은 지금
> 뭘 보는 거예요?

> 국회 의원 선거 포스터를
> 보나 봐요.

질문	추측
보기 저 사람들은 지금 뭘 보는 거예요?	국회 의원 선거 포스터를 보다
1) 사람들이 김영수 씨가 당선될 것 같다고 해요.	김영수 씨가 현재 지지율이 제일 높다
2) 사람들과 악수를 하는 저분은 누구예요?	이번 시장 선거 후보자이다
3) 고천 씨가 오늘 왜 결석을 했을까요?	집에 무슨 일이 있다
4) 사무실로 전화를 했는데 전화를 안 받네요.	이미 모두 행사장으로 출발했다

2. 우리 반 친구들에게 무슨 일이 있는지 '-나 보다, -은가 보다'를 사용해서 이야기해 보세요.

> 라민 씨는 매일 게임을 하는 걸
> 보면 게임을 좋아하나 봐요.

2 명 이야말로

강조하여 확인하는 뜻을 나타낼 때 사용한다.

제이슨: 저분 참 훌륭한 분이죠.

정아라: 네, 맞아요. 저분이야말로 존경할 만한 정치인이라고 할 수 있지요.

예문

• 가: 시 의원 선거 공약 중에 외국인 관련 공약도 있다면서요?

  나: 네, 저도 봤어요. 그 공약이야말로 우리가 바라던 거예요.

• 투표 참여야말로 국민의 권리이자 의무이다.

• 휴대 전화야말로 이 시대 최고의 발명품이다.

이야말로	• 지금	→	지금이야말로
	• 공약	→	공약이야말로
야말로	• 투표	→	투표야말로
	• 휴대 전화	→	휴대 전화야말로

---

1. 보기 와 같이 이야기해 보세요.

운동을 시작하기에 가장 좋은 때는 언제일까요?

지금이야말로 운동을 시작하기에 가장 좋은 때예요.

	질문	강조하고 싶은 것
보기	운동을 시작하기에 가장 좋은 때는?	지금
1)	투표를 하기 전에 꼭 해야 하는 것은?	공약을 꼼꼼히 읽는 것
2)	절대로 뽑으면 안 되는 정치인은?	공약을 지키지 않는 정치인
3)	한국인들이 생각하는 대표적인 자랑거리는?	한글
4)	결혼 생활에서 가장 중요한 것은?	사랑

2. 다음에 대해서 '이야말로'를 이용하여 친구들과 이야기해 보세요.

• 행복한 생활
• 인생의 성공

건강이야말로 행복한 생활에 꼭 필요해요.

단어장

훌륭하다
존경하다
정치인
참여
권리
의무

1. 정아라 선생님과 고천 씨가 지방 시 의원 선거 포스터를 보며 이야기합니다. 다음 대화처럼 이야기해 보세요.

정아라: 아, 맞다. 고천 씨, 이번 지방 선거 때 투표하죠?

고 천: 네. 이제 투표권이 생겨서 이번에 처음으로 하게 됐어요.

정아라: 고천 씨는 어떤 사람이 당선됐으면 좋겠어요?

고 천: 아직 잘 모르겠어요. 저는 지지율이 높은 사람에게 투표하려고요.

정아라: 그러지 말고 후보자의 공약을 읽어 보세요. 공약이야말로 나에게 필요한 후보자를 찾는 좋은 자료예요.

고 천: 그런가요? 그럼 저는 아이 교육에 관심이 많으니까 교육 관련 내용을 찾아봐야겠어요.

정아라: 선거 공보물 꼼꼼히 확인하시고 소중한 한 표 꼭 행사하세요.

4-12 EBOOK

1) 지지율이 높은 사람에게 투표하다 │ 공약, 나에게 필요한 후보자를 찾다

2) 지지하는 정당의 후보에게 투표하다 │ 경력, 우리 지역에 도움이 되는 후보자를 찾다

2. 여러분이 살고 있는 지역의 의원을 뽑을 때 무엇을 보고 결정하겠어요?
여러분 지역에는 어떤 것이 부족하고, 어떤 공약이 필요한지 이야기해 보세요.

지역에 부족한 것
• 운동할 수 있는 시설이 부족하다
• 좋은 조건의 일자리가 적다

필요한 공약
• 문화 체육 시설 확대
• 좋은 조건의 일자리 늘리기

단어장

투표권
자료
꼼꼼히
소중하다
정당

듣기

1. 다음은 선거 포스터입니다. 선거 포스터의 내용에 대해서 이야기해 보세요.

선거는 며칠입니까?

6월 8일과 9일에도 투표를 할 수 있습니까?

선거를 관리하는 기관은 어디입니까?

2. 뉴스 앵커와 리포터가 이야기합니다. 잘 듣고 질문에 답해 보세요.

1) 오늘은 무슨 선거일입니까?

☐ 대선　　　　☐ 총선　　　　☐ 지방 선거

2) 리포터는 지금 어디에 있습니까?

☐ 방송국　　　　☐ 투표소　　　　☐ 개표소

단어장	
(4천)어	발길이 뜸하다
개표소	앞서
상황	사전 투표
막	평균
정각	(평균을) 밑돌다
분주하다	본인
이르다	지정되다
시각	챙기다

3) 들은 내용과 같으면 ○, 다르면 X 하세요.

❶ 지금 투표소는 많은 유권자들로 복잡하다.　　　（　　　）

❷ 사전 투표는 이틀 전에 실시되었다.　　　（　　　）

❸ 사전 투표는 유권자 본인 주소지에 있는 지정된 투표소에서
할 수 있다.　　　（　　　）

❹ 투표를 하려면 반드시 신분증을 가지고 가야 한다.　（　　　）

발음

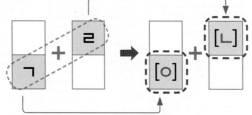

약력[양녁]

국력[궁녁]

격려[경녀]

다음을 듣고 따라 읽으세요.

1) 후보자 본인의 **약력**을 소개해 주십시오.

2) 나라를 안정시키고 **국력**을 키우는 것이 중요하다.

3) 성공한 선배는 후배들에게 **격려**의 말을 해 주었다.

1. 다음은 시장 후보자들의 소개입니다. 후보자들은 어떤 자질을 내세우고 있는지 이야기해 보세요.

2. 다음은 시민이 원하는 시장의 리더십 유형에 대한 설문 조사 결과입니다. 여러분의 생각을 이야기해 보세요.

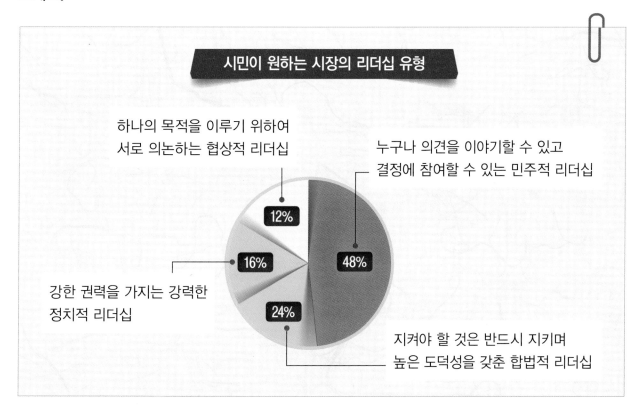

3. 다음은 시장에게 필요한 자질에 대한 신문 기사입니다. 잘 읽고 질문에 답해 보세요.

"경험 많은 전문가를 원한다"……차기 시장에게 필요한 자질

지방 선거가 한 달 앞으로 다가온 가운데 인주사회문화연구소는 차기 시장에 대한 여론을 알아보기 위해 인주 시민을 대상으로 설문 조사를 진행하였다.

조사 결과에 따르면 차기 시장이 갖춰야 할 자질에 대해 인주 시민 10명 중 약 4명(38.2%)은 행정 경험과 전문성이라고 답한 것으로 나타났다. 이어 소통 능력(26.4%)과 도덕성(14.2%), 판단력과 추진력(11.8%) 순이었으며, 참신성(5.3%)과 정치 감각(3.1%)이라는 응답은 상대적으로 낮았다.

선호하는 리더십 유형으로는 민주적 리더십(45.7%)이 압도적으로 높았으며, 높은 도덕성을 갖춘 합법적 리더십(23.0%), 강력한 정치적 리더십(15.7%), 협상적 리더십(11.8%)이 뒤를 이었다.

인주사회문화연구소 이상환 소장은 이번 조사 결과로 시민들은 행정 경험이 풍부한 소통형 시장을 원하고 있음을 잘 알 수 있다고 말했다.

이번 설문 조사는 만 18세 이상 인주 시민 1,000명을 대상으로 지난달 8~15일에 유·무선 자동 응답 시스템(ARS) 전화 조사 방식으로 실시됐다.　인주신문 김아람 기자(arkim@ijnews.co.kr)

1) 설문 조사를 실시한 목적은 무엇입니까?

❶ 정치 문화를 연구하기 위해　　　　❷ 당선자를 예상해 보기 위해

❸ 다음 시장 선거 운동을 준비하기 위해　❹ 시민들이 원하는 시장의 자질을 알아보기 위해

2) 다음 그래프를 완성해 보세요.

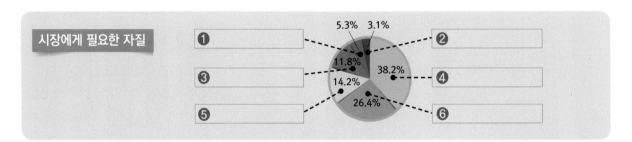

3) 윗글의 내용과 같으면 ○, 다르면 ✕ 하세요.

❶ 시장을 뽑는 지방 선거는 한 달 후에 있다.　　　　(　　　)

❷ 시민들은 시장이 도덕적으로 문제가 없는 것보다
　　소통이 잘되는 것이 중요하다고 생각한다.　　　(　　　)

❸ 이미 유명한 사람보다 새로운 사람이 시장이
　　되는 것이 바람직하다고 생각하는 사람이 많다.　(　　　)

단어장

원하다	갖추다
차기	상대적으로
자질	선호하다
여론	압도적으로
대상	풍부하다
설문 조사	

1. 여러분은 직장에서, 또는 모임에서 어떤 리더와 함께하고 싶습니까?

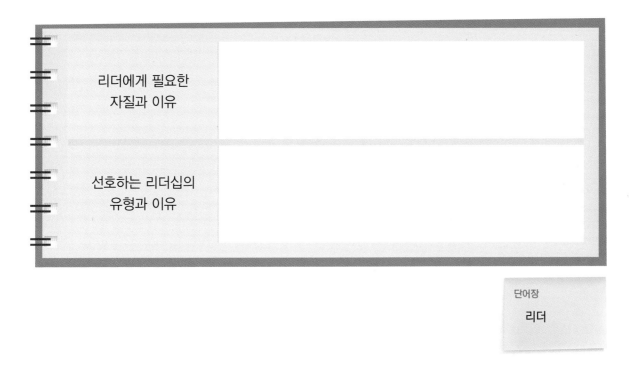

리더에게 필요한 자질과 이유	
선호하는 리더십의 유형과 이유	

단어장

리더

2. '함께하고 싶은 리더'에 대한 여러분의 생각을 써 보세요.

한국의 선거

　선거는 민주주의를 유지하고 발전시키는 가장 중요한 요소 중의 하나이다. 민주주의에서는 중앙 정부나 지방 정부의 모든 권력이 국민으로부터 나온다고 믿는다. 선거는 바로 이러한 권력과 관련하여 자신의 의사를 대신할 사람을 뽑는 행위이다.

　한국에서는 크게 세 차례의 선거가 실시된다. 대통령을 뽑는 선거, 국회 의원을 뽑는 선거, 지방 자치 단체장과 지방 의회 의원을 뽑는 선거가 그것이다. 이렇게 선거를 통해 뽑힌 사람은 임기 동안 국민의 뜻을 받들어 자신에게 주어진 역할을 수행하는데 대통령의 임기는 5년, 국회 의원, 지방 자치 단체장, 지방 의회 의원의 임기는 똑같이 4년이다.

　한국에서는 보통 선거, 평등 선거, 직접 선거, 비밀 선거라는 선거의 4원칙이 엄격하게 지켜지고 있다. 따라서 중요한 것은 선거에서 투표를 하는 국민이 누구를 선출할 것인가를 잘 생각하고 선거에 참여하는 일이다.

1) 한국에는 어떤 선거가 있습니까?
2) 선거를 할 때 중요한 것은 무엇입니까?
3) 여리분 고향에서는 정치와 관련하여 국민이 어떤 방법으로 자신의 의사를 표현합니까?

선거의 4원칙

보통 선거	평등 선거
직접 선거	비밀 선거

배운 어휘 확인

☐ 선거	☐ 지지율이 높다/낮다	☐ 지정되다
☐ 대선	☐ 득표율이 높다/낮다	☐ 챙기다
☐ 총선	☐ 당선되다	☐ 도덕성
☐ 지방 선거	☐ 훌륭하다	☐ 소통 능력
☐ 대통령	☐ 존경하다	☐ 판단력
☐ 국회 의원	☐ 정치인	☐ 추진력
☐ 교육감	☐ 참여	☐ 행정 경험
☐ 시장	☐ 권리	☐ 전문성
☐ 도지사	☐ 의무	☐ 리더십
☐ 구청장	☐ 투표권	☐ 유형
☐ 군수	☐ 자료	☐ 민주적
☐ 구 의원	☐ 꼼꼼히	☐ 합법적
☐ 시 의원	☐ 소중하다	☐ 강력하다
☐ 군 의원	☐ 정당	☐ 정치적
☐ 비례 대표	☐ (4천)여	☐ 의논하다
☐ 선거 운동	☐ 개표소	☐ 협상적
☐ 후보자	☐ 상황	☐ 원하다
☐ 선거 공약	☐ 막	☐ 차기
☐ 선거 포스터	☐ 정각	☐ 자질
☐ 지지하다	☐ 분주하다	☐ 여론
☐ 유권자	☐ 이르다	☐ 대상
☐ 투표소	☐ 시각	☐ 설문 조사
☐ 신분	☐ 발길이 뜸하다	☐ 갖추다
☐ 투표용지	☐ 앞서	☐ 상대적으로
☐ 기표소	☐ 사전 투표	☐ 선호하다
☐ 투표하다	☐ 평균	☐ 압도적으로
☐ 투표함에 넣다	☐ (평균을) 밑돌다	☐ 풍부하다
☐ 개표하다	☐ 본인	☐ 리더

13 환경 보호

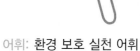

어휘: 환경 보호 실천 어휘

문법: 통-는 한

　　　통-도록

활동: 환경 오염으로 인한 건강 문제 이야기하기

　　　환경 보호 실천 사례 소개하는 글 쓰기

문화와 정보: 환경 보전 운동

지구를 위해 함께 걸어요

9월 22일은 전 세계 2천여 도시가 함께하는 **세계 차 없는 날**
친환경 교통 주간 캠페인에 동참해 주세요!

일주일 한 번

자동차 대신
대중교통 타고
(37.4km 기준)

＋

가까운 거리는
도보나 자전거 타기
(2km 기준)

- 이 사진들은 어떤 사진이에요?
- 여러분은 깨끗한 환경을 만들기 위해 무엇을 해요?

1. 이곳은 어떤 환경 문제가 있어요?

미세 먼지가 심하다　대기 오염이 발생하다　환경이 오염되다

수질 오염이 심각하다　물고기가 떼죽음을 당하다　농약에 중독되다

토양 오염을 일으키다

2. 어떻게 환경 보호를 해요? 이야기해 보세요.

환경 보호 실천

배기가스를 줄이다

차량 2부제를 실시하다

대체 에너지를 개발하다

농약 사용을 줄이다

쓰레기 종량제를 실시하다

일회용품 사용을 줄이다

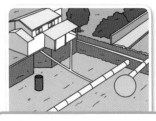

생활 하수 정화 처리를 하다

폐수를 무단으로 버리지 않다

친환경 세제를 사용하다

1 동 -는 한

앞에 오는 말이 뒤의 행동이나 상태에 대한 조건을 나타낼 때 사용한다.

라흐만: 오늘도 대기 오염이 너무 심해서 숨 쉬기가 어렵네요.
잠시드: 배기가스를 줄이기 위해 노력하지 **않는 한** 대기 오염
문제는 계속될 거예요.

예문
- 가: 사람들이 차량 2부제를 잘 지킬까요?
  나: 환경 오염의 심각성을 **아는 한** 모두 열심히 참여할 거예요.
- 열심히 **공부하는 한** 4단계 합격은 걱정 없어요.
- 특별한 일이 **없는 한** 비가 와도 행사를 그대로 진행합니다.

-는 한	
• 가다	→ **가는 한**
• 먹다	→ **먹는 한**
★ 살다	→ **사는 한**

1. 보기와 같이 친구와 이야기해 보세요.

> 사람들이 세제를 많이 사용하는 것 같아요.

> 세제를 많이 사용하는 한 수질 오염은 더 심각해질 거예요.

보기	세제를 많이 사용하다	수질 오염이 더 심각해지다
1)	일회용품을 계속 사다	쓰레기 양을 줄일 수 없다
2)	운동 시간을 늘리지 않다	건강해질 수 없다
3)	직원들이 회사를 위해 끝까지 애쓰다	회사의 미래는 밝다
4)	논밭에 농약을 많이 뿌리다	건강을 지키기 어렵다

2. 친구에게 고민이 있습니다. 친구의 고민에 여러분의 생각을 이야기해 보세요.

- 돈을 많이 모으고 싶은데 월급을 다 썼어요.
- 살을 빼야 하는데 음식을 계속 먹어요.

> 돈을 아껴 쓰지 않는 한 돈 모으기는 힘들어요.

> 먹는 것을 줄이지 않는 한 살을 빼기 어려워요.

단어장
늘리다
애쓰다
논밭
뿌리다
아껴 쓰다

2 동 -도록

뒤에 나오는 행동의 목적을 나타낼 때 사용한다.

후   엔: 이렇게 비닐봉지를 많이 사용하면 쓰레기 양이
         늘어서 환경을 오염시키게 되잖아요.
박민수: 알았어요. 앞으로는 쓰레기가 많이 안 생기도록
        재활용 쓰레기 봉투를 사용할게요.

예문
- 가: 남은 음식은 어디에 보관할까요?
  나: 상하지 **않도록** 냉장고에 넣어 두세요.
- 감기가 빨리 **낫도록** 주말에는 푹 쉬세요.
- 구급차가 **지나가도록** 길을 비켜 주세요.

-도록	
• 가다 →	**가도록**
• 먹다 →	**먹도록**
• 하다 →	**하도록**

---

1. 보기 와 같이 친구와 이야기해 보세요.

어떻게 하면 좋을까요?

자동차 배기가스를 줄이도록
가까운 거리는 걸어 다니세요.

보기	자동차 배기가스를 줄이다	가까운 거리는 걸어 다니다
1)	일회용품 사용을 줄이다	개인 컵을 가지고 다니다
2)	감기에 걸리지 않다	예방 주사를 맞다
3)	약속을 잊어버리지 않다	달력에 메모하다
4)	입사 시험에 합격하다	열심히 준비하다

2. 어떤 환경 문제가 있어요? 어떻게 하면 좋은지 이야기해 보세요.

- 음식물 쓰레기가 많이 생겨요.
- 미세 먼지가 많아서 외출을 못 하겠어요.
- 강물이 오염돼서 냄새가 심해요.

음식물 쓰레기가 생기지 않도록
음식을 먹을 만큼만 만들어요.

단어장
상하다
구급차
예방 주사
입사 시험
비키다
메모하다
냄새가 심하다

1. 안젤라 씨와 이링 씨가 이야기합니다. 다음 대화처럼 이야기해 보세요.

이　링: 안젤라 씨, 어디에 다녀와요?

안젤라: 목이 아파서 병원에 갔다 오는 길이에요.
요즘 미세 먼지가 심해서 그런지 병원에 가니까
저랑 비슷한 증상으로 온 사람이 많았어요.

이　링: 목이 더 아프지 않도록 마스크를 쓰고 다니세요.

안젤라: 그렇게 해도 별로 좋아지지 않아서 걱정이에요.

이　링: 미세 먼지 문제가 해결되지 않는 한 병원을 찾는 사람은
더 늘어날 것 같아요.

안젤라: 맞아요. 미세 먼지가 심해지면 특히 목이나 눈에
안 좋으니까 이링 씨도 미리 건강 조심하세요.

4-13 EBOOK

1) 목이 아프다 ┆ 목이 더 아프지 않도록 마스크를 쓰고 다니다

2) 눈이 아프다 ┆ 눈병이 생기지 않도록 조심하다

2. 환경 오염으로 생긴 문제의 해결 방법에 대해 이야기를 해 보세요. 그리고 여러분의 경험도 이야기해
보세요.

환경 오염으로 생긴 문제점

• 미세 먼지 때문에 기침을 계속해요.

• 물이 깨끗하지 않아서 피부병이 생겼어요.

나무가 많은 길을 산책해
보세요. 그리고 미세 먼지가
많은 날은 마스크를 꼭
쓰세요.

단어장

증상
피부병

1. 여러분의 집에서 많이 생기는 쓰레기는 어떤 종류입니까? 어떻게 그 쓰레기를 분리배출합니까?

2. 후엔 씨와 라민 씨가 이야기합니다. 잘 듣고 질문에 답해 보세요.

13-L.mp3

1) 라민 씨는 왜 늦었습니까? _____

2) 후엔 씨의 고향에서는 쓰레기를 어떻게 버립니까? _____

3) 들은 내용과 같으면 ○, 다르면 X 하세요.

❶ 후엔 씨는 쓰레기 분리배출에 익숙해졌다.   (   )

❷ 라민 씨는 음식물 쓰레기 버리는 것이 쉽다.   (   )

❸ 후엔 씨는 플라스틱 쓰레기를 버릴 때 한 번 씻는다.   (   )

단어장

헷갈리다
씨
껍질
찻잎
스티커

13-P.mp3

발음

[ㄱ, ㄷ, ㅂ, ㅈ] + [ㅎ] ➡ + [ㅋ, ㅌ, ㅍ, ㅊ]

절약하고[저랴카고]
심각해요[심가캐요]
저축하는[저추카는]

다음을 듣고 따라 읽으세요.

1) 저는 요즘 전기를 절약하고 있어요.

2) 가: 요즘 마스크 없이 못 다닐 것 같아요.

　　나: 맞아요. 요즘 환경 오염이 너무 심각해요.

3) 가: 어떻게 하면 돈을 빨리 모을 수 있어요?

　　나: 꾸준히 저축하는 한 빨리 돈을 모을 수 있을 거예요.

1. 다음 표현을 보고 서로 관계가 있는 단어를 찾아 써 보세요.

| 지구 온난화 | 폭우 | 폭설 | 가뭄 | 이상 기후 |

1) 지구의 온도가 높아지고 있어요.　　　　　(　　　　　)

2) 기온이나 강수량이 정상적이지 않아요.　　(　　　　　)

3) 오랫동안 비가 오지 않아 물이 부족해요.　(　　　　　)

4) 갑자기 비가 아주 세차게 와요.　　　　　(　　　　　)

5) 한꺼번에 눈이 아주 많이 내려요.　　　　(　　　　　)

2. 기사 제목을 보고 무엇에 대한 이야기인지 이야기해 보세요.

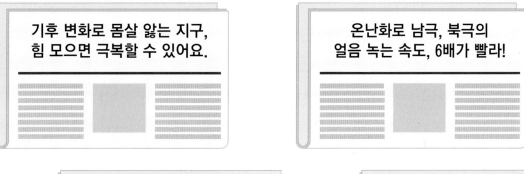

기후 변화로 몸살 앓는 지구,
힘 모으면 극복할 수 있어요.

온난화로 남극, 북극의
얼음 녹는 속도, 6배가 빨라!

지난겨울 역대 가장 뜨거워...
실감나는 지구 온난화

지구를 위한 노력 '텀블러 사용'
스타들의 캠페인

온난화, 새로운 에너지 개발의
신호탄!

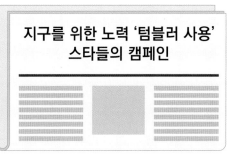

이상 기후로 어려움이 많이 생기고 있지만
함께 노력하면 이겨 낼 수 있어요.

3. 다음은 '지구 온난화'에 대한 글입니다. 잘 읽고 질문에 답해 보세요.

지구를 지킵시다

한국은 사계절이 뚜렷한 나라이다. 하지만 21세기에 들어 날씨가 변화하면서 봄과 가을의 길이는 짧아지고 여름과 겨울의 길이는 전보다 훨씬 길어지고 있다. 과학자들은 이러한 이유가 지구 온난화에 있다고 한다.

지구 온난화는 지구의 기온이 상승하는 현상을 말한다. 이러한 지구 온난화 현상으로 이상 기후는 세계 곳곳에서 나타나고 있다. 몇 년 전 유럽의 여러 나라와 미국에서는 여름 기온이 최고 50℃까지 오르고 폭우가 내려 수십만 명의 이재민이 발생했다. 또한 유럽 일부 국가에서는 겨울에 폭설과 한파로 기온이 영하 30℃까지 내려갔으며 거대한 숲을 이루는 아마존은 가뭄이 찾아와 물고기가 떼죽음을 당하기도 했다.

전문가들은 이와 같은 이상 기후가 모두 환경 오염의 영향 때문이라고 입을 모은다. 이렇게 환경 오염이 더욱 심각해지고 지구의 온난화가 계속된다면 더 이상 인류가 생존할 수 없을 것이라고 경고한다. 최근 한국 정부와 기업에서는 석유와 석탄을 대신할 대체 에너지 개발에 힘쓰고 있다. 그러나 환경 보호의 문제는 어느 한 국가의 문제가 아닌, 전 세계인의 문제라는 인식을 가지고 환경 오염과 지구 온난화 해결에 공동으로 대응해야 할 것이다. 이처럼 전 세계인이 공동의 노력을 기울이는 한 환경 오염으로부터 지구를 지켜 낼 수 있을 것이다.

1) 지구 온난화의 이유는 무엇입니까? _____

2) 이상 기후가 일어난 예를 들어 보세요.

[여름] : _____

[겨울] : _____

3) 지구 온난화 현상으로 일어나는 일이 <u>아닌</u> 것을 고르세요.

❶ 지구의 기온이 상승한다.

❷ 겨울에는 폭설과 한파로 기온에 영향을 준다.

❸ 아마존은 가뭄이 찾아와 식물이 자라지 않는다.

❹ 여름에는 폭우로 피해를 입은 사람들이 생겼다.

단어장

세계 곳곳
이재민
아마존
인류
입을 모으다
정부
석유
석탄
힘쓰다

1. 여러분은 환경 보호를 위해 어떤 노력을 했습니까?

❶ 환경 오염에는 어떤 종류가 있어요?

❷ 왜 환경 보호를 해야 해요?

❸ 여러분은 환경 보호를 위해 어떤 노력을 해요?

2. 환경 보호를 위해 여러분은 어떤 노력을 하고 있는지 써 보세요.

환경 보전 운동

인류 사회가 안고 있는 가장 큰 문제가 무엇이냐는 질문에 '환경 문제'라고 대답하는 사람이 많다. 그만큼 환경 문제는 심각한 문제로서 시급히 해결하지 않으면 안 되는 상황이다. 그리고 환경 문제는 우리 모두의 문제로서 국제 사회, 국가, 개인 등 여러 차원에서 노력하여 해결할 문제이다.

국제 사회에서 환경 문제를 해결하기 위한 노력으로 유엔환경계획(UNEP)의 노력을 들 수 있다. 유엔환경계획은 1973년에 설립된 국제기구로서 매년 환경 문제 하나씩을 정하여 해결하기 위한 노력을 기울여 오고 있다.

한국도 국가적 차원에서 환경 문제를 해결하기 위하여 노력하고 있는데 환경부가 이 일을 맡고 있다. 그러나 환경 문제의 해결을 위해서는 무엇보다도 개개인의 관심과 노력이 중요하다. 환경을 지키기 위한 개개인의 관심과 노력이 모인다면 국가의 문제를 해결할 수 있고, 더 나아가 인류 사회의 환경 문제도 해결할 수 있을 것이다.

1) 국제 사회에서 환경 문제를 해결하기 위하여 어떤 노력을 하고 있습니까?

2) 환경 문제를 해결하기 위해서 제일 중요한 것은 무엇입니까?

3) 환경 문제를 해결하기 위하여 일상생활에서 우리가 할 수 있는 일 한두 가지를 말해 보세요.

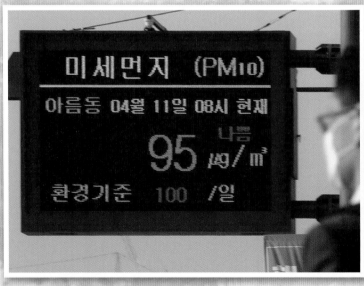

- 환경이 오염되다
- 대기 오염이 발생하다
- 미세 먼지가 심하다
- 수질 오염이 심각하다
- 떼죽음을 당하다
- 토양 오염을 일으키다
- 농약에 중독되다
- 배기가스를 줄이다
- 차량 2부제를 실시하다
- 대체 에너지를 개발하다
- 농약 사용을 줄이다
- 쓰레기 종량제를 실시하다
- 일회용품 사용을 줄이다
- 생활 하수
- 정화
- 폐수
- 무단
- 친환경 세제를 사용하다
- 늘리다
- 애쓰다
- 논밭
- 뿌리다
- 아껴 쓰다
- 상하다
- 구급차
- 예방 주사

- 입사 시험
- 비키다
- 메모하다
- 냄새가 심하다
- 증상
- 피부병
- 헷갈리다
- 씨
- 껍질
- 찻잎
- 스티커
- 지구 온난화
- 폭우
- 폭설
- 가뭄
- 이상 기후
- 세계 곳곳
- 이재민
- 아마존
- 인류
- 입을 모으다
- 정부
- 석유
- 석탄
- 힘쓰다

14 생활과 경제

어휘: 경제 관련 어휘

문법: 동 형 -으므로

　　　명 은/는커녕

활동: 경제 상황에 대해 말하기

　　　물가에 대한 기사문 쓰기

문화와 정보: 국민연금

- 이 사람들은 지금 여기에서 무엇을 보고 있어요?
- 여러분은 생활 속에서 경제의 중요성을 느낀 적이 있어요?

1. 경제 상황이 어떤 것 같아요? 이야기해 보세요.

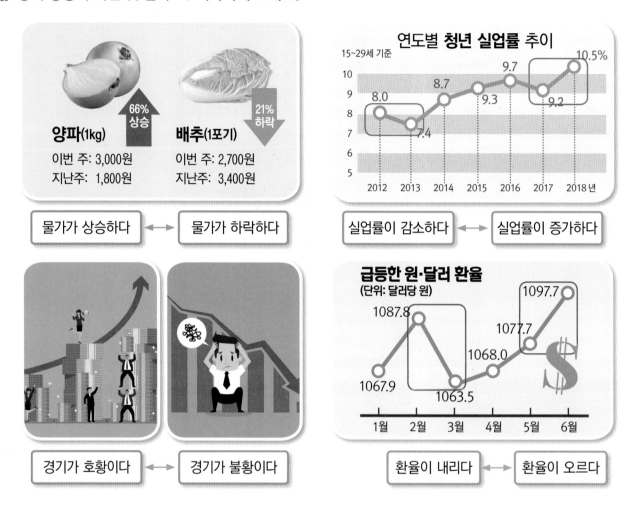

물가가 상승하다 ↔ 물가가 하락하다

실업률이 감소하다 ↔ 실업률이 증가하다

경기가 호황이다 ↔ 경기가 불황이다

환율이 내리다 ↔ 환율이 오르다

2. 다음의 현상들은 경제에 어떤 영향을 줄까요?

개인 소비 증가

원재료 가격 인상

환율 변동

부동산 가격 급등

수요 증가

공급 증가

일자리 감소

경기 침체

1 동형 -으므로

앞 내용에 대한 근거나 이유를 나타낼 때 사용한다. 주로 뉴스, 회의, 발표 등 공식적인 상황에 어울린다.

GOOD TV NENS

아 나 운 서: 올해 청년 취업률에 대해서 어떻게 생각하십니까?
경제 전문가: 올해 채용 기회가 늘어나므로 취업률도 높아질
것으로 예상됩니다.

예문
• 가: 예정된 시간이 되었으므로 바로 회의를
   시작하겠습니다.
  나: 네, 그럼 제가 먼저 보고를 드려도 될까요?
• 낮과 밤의 기온 차가 크므로 건강에 유의해야 한다.
• 요즘 경기가 호황이므로 서민 경제도 좋아지고 있다.

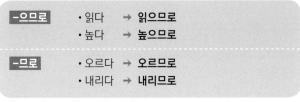

-으므로	• 읽다 → 읽으므로 • 높다 → 높으므로
-므로	• 오르다 → 오르므로 • 내리다 → 내리므로

Tip 명사는 '명이므로'를 사용한다.

1. 보기와 같이 올바른 것끼리 연결하고 문장을 완성해 보세요.

> 오늘은 미세 먼지 농도가 높으므로
> 외출을 자제하시기 바랍니다.

보기	오늘은 미세 먼지 농도가 높다	•———•	외출을 자제하다
1)	최근 물가가 많이 올랐다	• •	반드시 참석하다
2)	눈 때문에 길이 미끄럽다	• •	음식 가격 인상을 이해해 주다
3)	내일 중요한 회의가 있다	• •	휴대 전화 전원을 끄다
4)	다른 관객에게 방해가 되다	• •	운전 속도를 줄이다

2. 다음 문제에 대한 여러분의 의견을 친구들 앞에서 발표해 보세요.

인터넷 실명제	청소년의 연애	취업 준비생의 다이어트와 성형
찬성 반대	찬성 반대	찬성 반대

> 저는 인터넷 실명제에 찬성합니다.
> 인터넷 실명제는 누가 쓴 글인지 숨길 수
> 없으므로 악플이 줄어들 것입니다.

> 표현의 자유가 없어지므로 저는
> 인터넷 실명제에 반대합니다.

단어장

농도
자제하다
실명제
숨기다

앞의 내용은 물론이고 그것보다 못한 것도 부정할 때 사용한다.

애 나: 현금을 많이 가지고 다니는 편이에요?

제이슨: 아니요, 카드를 사용하니까 현금은커녕
　　　　지갑도 안 가지고 다녀요.

예문

• 가: 회사에서 보너스 좀 받았어요?

　나: 아니요, 보너스는커녕 아직 월급도 안 받았어요.

• 과제 제출은커녕 아직 시작도 못 했다.

• 요즘에는 극장에서 영화는커녕 집에서 텔레비전 볼
　시간도 없다.

은커녕	• 칭찬 → 칭찬은커녕
	• 선물 → 선물은커녕
는커녕	• 고기 → 고기는커녕
	• 투자 → 투자는커녕

---

1. 보기 와 같이 친구와 이야기해 보세요.

> 요즘 취업이 잘돼요?

> 아니요. 취업은커녕 아르바이트도 구하기 어려워요.

	기대하는 상황	기대에 못 미치는 상황
보기	요즘 취업이 잘되다	아르바이트 구하기도 어렵다
1)	매일 한국어 숙제를 하다	복습할 시간도 없다
2)	꾸준히 저축하고 있다	생활비도 부족한 상황이다
3)	아침에 밥 먹고 출근했다	늦게 일어나서 물도 못 마셨다
4)	된장찌개를 끓일 수 있다	라면도 못 끓이다

---

2. 여러분의 생각대로 되지 않는 상황에 대해서 친구와 같이 이야기해 보세요.

• 해외여행, 국내 여행

• 취업, 학교 졸업

• 취미 생활, 잠 잘 시간

> 날씨가 좋아지면 가족과 해외여행을 가려고 했어요. 그런데 갑자기
> 바빠져서 해외여행은커녕 국내 여행도 못 갈 것 같아요.

1. 라민 씨와 아나이스 씨가 물가와 경제에 대해 이야기합니다. 다음 대화처럼 이야기해 보세요.

라   민: 아나이스 씨, 오늘 뉴스 보니까 요즘 김장철이라 배추 가격이 급등했대요.

아나이스: 아, 그래요? 저는 몇 달 전에 배춧값이 떨어졌다는 기사를 봤어요. 그때하고 상황이 많이 달라졌네요.

라   민: 그러게 말이에요. 물가에 영향을 미치는 요인이 다양하니까요.

아나이스: 맞아요. 그러고 보니 라민 씨는 경제에 관심이 많은 것 같아요.

라   민: 네, 학교에서 친구들과 취업 준비 동아리를 하면서 경제 문제에 대해 자주 이야기하거든요. 경기가 좋아야 취업이 잘되니까 늘 신경을 쓰고 있어요.

아나이스: 와, 멋진 태도예요. 저도 앞으로 경제에 더 관심을 가져야겠어요.

4-14 EBOOK

1) 김장철이라 배추 가격이 급등하다 | 배춧값이 떨어지다

2) 휴가철이라 항공료 가격이 많이 오르다 | 비수기에 항공료 반값 할인을 하다

단어장
김장철
요인
비수기

2. 다음의 경제 상황과 그 영향에 대해 이야기해 보세요. 그리고 여러분의 생각도 이야기해 보세요.

경제 상황	영향
• 경기가 호황이다	• 구직이 잘되다 / 어렵다
• 공급이 급증하다	• 물가가 상승하다 / 하락하다
• 원재료 가격이 급등하다	• 실업률이 증가하다 / 감소하다

1. 여러분은 면접 때 어떤 옷을 입습니까? 옷차림이 경제 상황과 관계가 있다고 생각합니까?

2. 라디오 방송에서 기자가 이야기합니다. 잘 듣고 질문에 답해 보세요.

14-L.mp3

1) 무엇에 대한 이야기인지 고르세요.

❶ 불황일수록 단정한 옷차림이 취업에 유리하다.

❷ 불황일수록 화려한 옷차림이 취업에 유리하다.

❸ 호황일수록 보수적인 옷차림이 취업에 유리하다.

2) 들은 내용과 같으면 ○, 다르면 X 하세요.

❶ 경기 침체기에는 보수적인 사람들이 채용을 담당한다. (　　　)

❷ 단정한 옷차림은 신뢰감을 준다. (　　　)

❸ 경제 상황과 면접 옷차림은 관계가 없다. (　　　)

3) 들은 내용은 누구에게 가장 도움이 됩니까?

❶ 면접관　　　　❷ 경제 전문가　　　　❸ 취업 준비생

단어장
옷차림
유리하다
단정하다
자유분방하다
보수적
신뢰감
적절하다
튀다

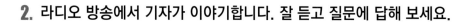

14-P.mp3

발음

ㄴ 첨가

받침 + [이, 야, 여, 요, 유] ⟹ 받침 + [니, 냐, 녀, 뇨, 뉴]

환+율[환뉼]

환전+율[환전뉼]

국민+연금[궁민년금]

다음을 듣고 따라 읽으세요.

1) 지난주보다 **환율**이 떨어졌다.

2) 환전하는 곳에 따라 **환전율**이 다르다.

3) **국민연금**에 가입하는 것은 의무이다.

1. 다음은 내년 경제 상황 전망에 대한 그래프입니다. 어떤 내용인지, 여러분의 의견은 어떤지 이야기해 보세요.

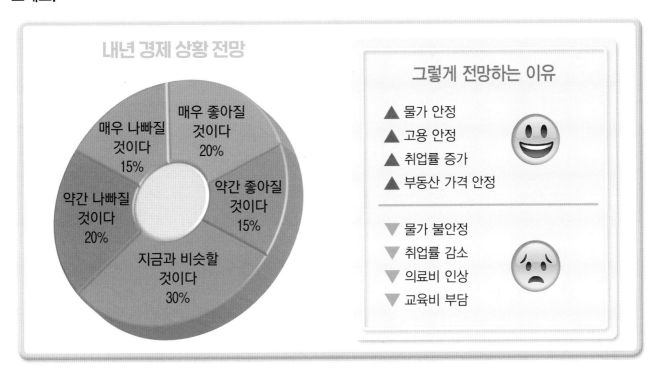

2. 다음의 신문 기사는 무엇에 대한 것입니까? 이야기해 보세요.

쌀값 잡아라!!
물가 안정 위해 정부가 긴급 수매

항공료, 비수기에 가면
최대 35% 싸다

청년 일자리 지원 사업 확대

"자녀 교육비 부담 줄여 드립니다"
새 학기부터 학생 교복비 지원

3. 다음은 신문 기사입니다. 잘 읽고 질문에 답해 보세요.

○○신문 | 20XX. 6. 13.

새해에 가장 듣고 싶은 뉴스, 1위는 물가 안정

Q 새해 가장 듣고 싶은 희망 뉴스?

물가 안정	31%
취업률 증가, 일자리 증가	23%
부동산 가격 안정	15%

H경제리서치에서 남녀 직장인 1,000명을 대상으로 새해에 가장 듣고 싶은 뉴스가 무엇인가에 대한 설문 조사를 실시했다. 그 결과, '물가 안정'이라고 답한 응답자가 전체의 31%로 가장 높게 나타났다. 이어서, 새해에 가장 듣고 싶은 뉴스 2위는 '취업률 증가' 또는 '일자리 증가'(23%)인 것으로 나타났다.

이러한 결과는 전체 응답자의 절반 이상이 물가 안정과 고용 안정을 가장 바라고 있음을 보여 준다. 또 물가 급등과 청년 실업률 증가에 대한 최근의 경제 상황이 영향을 미친 결과로 분석된다.

이외에도 설문 응답자의 15%가 '부동산 가격 안정'을 듣고 싶은 새해 뉴스로 꼽았다. 그 뒤를 이어 '의료비 지원 확대(12%)', '교육비 지원 확대(10%)', 기타(9%) 등의 순으로 다양한 응답이 나왔다.

○○신문 | ○○○ 기자

1) 다음 중 응답자들이 가장 바라는 것의 사례로 맞는 것을 고르세요.

❶ 대기업에서 올해 직원을 더 채용하려고 한다.

❷ 삼겹살 가격이 지난달에 폭락했다가 이번 달에 폭등했다.

❸ 취업 준비생을 위한 지원이 확대되어야 한다.

❹ 작년과 올해의 식비, 교통비가 거의 비슷한 것 같다.

단어장

폭락

폭등

2) 윗글의 내용과 같으면 ○, 다르면 X 하세요.

❶ 물가 안정을 바라는 남녀 직장인이 가장 많다.　　　　　　(　　　　)

❷ 응답자는 교육비 지원이 가장 필요하다고 생각한다.　　　(　　　　)

❸ 집값 안정에 대한 응답이 세 번째로 많았다.　　　　　　　(　　　　)

3) 설문 결과는 최근의 어떤 경제 상황의 영향을 받은 것입니까? 그 두 가지를 글에서 찾아 쓰세요.

_____ , _____

1. 우리 생활에서 물가 변화가 크다고 느낀 품목이 있습니까? 그 이유는 무엇인지 메모해 보세요.

> 물가가 많이 상승한 것
> (상승하는 것)

> 물가가 많이 하락한 것
> (하락하는 것)

> 물가 변화 이유

2. 다음은 항공료 비교 표입니다. 다음 표를 보고 짧은 글을 써 보세요.

성수기와 비수기의 항공료 비교

항공사	성수기 인상율	비수기 인하율
J 항공	〈6~8월〉 7%	〈1~2월〉 −25%
M 항공	〈7~8월〉 5%	〈1~2월〉 −15%
P 항공	〈6~8월〉 8%	〈1~2월〉 −35%

국민연금

국민연금은 한국의 대표적인 사회 보장 제도의 하나이다. 국민연금은 소득이 있을 때 매달 보험료를 납부하고 나이가 들거나 장애 등으로 소득이 중단되었을 때 급여를 받는 제도이다. 한국에서는 60세 미만으로서 소득이 있는 사람은 의무적으로 국민연금에 가입해야 한다. 한국에 거주하고 있는 외국인도 한국인과 동등하게 국민연금에 가입해야 한다.

외국인의 국민연금 가입은 '사업장 가입자'와 '외국인 지역 가입자'로 구분된다. 만 18세 이상 60세 미만의 외국인이 국민연금에 가입된 사업장에 근무하면 사업장 가입자가 된다. 그 외의 외국인은 지역 가입자가 된다. 가입 대상에서 제외되는 경우도 있기 때문에 반드시 확인을 해야 한다. 만약 한국과 사회 보장 협정을 맺은 나라에서 한국으로 파견된 근로자가 자기 나라에서 국민연금에 가입한 증명서를 제출하면 한국에서 국민연금에 가입하지 않아도 된다.

이외에도 국가별로 가입 대상인지 아닌지, 체류 자격에 따라 한국의 국민연금 가입 대상인지 아닌지에 대해서는 국민연금공단 홈페이지에서 확인할 수 있다.

1) 외국인이 가입하는 사업장 가입자와 지역 가입자는 무엇이 다릅니까?

2) 자신이 한국의 국민연금 가입 대상인지 알고 싶으면 어느 홈페이지에 들어가면 됩니까?

3) 한국의 국민연금 제도에 대해 여러분이 더 알고 싶은 정보는 무엇입니까?

20XX년 1월 급여 명세서

사원코드: 17	사원명:	입사일:	
서:	직급:	호봉:	
지급내역	지급액	공제내역	공제액
기본급		국민연금	144,180
상여		건강보험	113,080
식대	100,000	고용보험	19,730
차량유지비			11,500
기타수당			38,390
연차수당			3,830
휴일수당			
성과급			
상여금			
연금저축대납			
15년연금이공		15년연금이공제분	
전월미지급여		연금저축 선납입분	
		성과금 선저급공제액	
		상여금 선저급공제액	
		공제액계	330,710
지급액계		차인지급액	

국민연금 | 144,180

귀하의 노고에 감사드립니다

15 법과 질서

어휘: 규칙과 법

문법: –다시피

　　 동–는 법이다

활동: 법규를 지키는 생활 말하기

　　 준법 생활의 필요성 쓰기

문화와 정보: 찾기 쉬운 생활 법령 정보

- 이 사람들은 무엇을 하고 있어요?
- 여러분은 생활 속에서 질서를 잘 지켜요?

1. 여러분은 다음과 같은 행동을 했거나 본 적이 있어요? 이야기해 보세요.

질서를 지키다　　범죄를 저지르다　　법/법규를 위반하다

범칙금/벌금을 내다　　처벌을 받다

2. 다음은 어디에 있는 안내문일까요? 어떤 행동을 하면 안 되는지 이야기해 보세요.

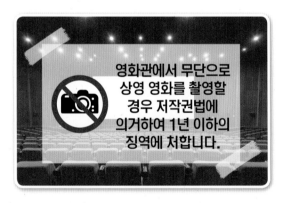

1 [동]-다시피

듣는 사람이 이미 알거나 지각하고 있는 것임을 나타낸다.

경찰: 여기 보시다시피 지하철 출입구 10m 이내는 금연 구역입니다.

행인: 아, 네. 미처 못 봤습니다. 죄송합니다.

예문

- 가: 아나이스 씨, 시험 기간이라서 바쁘지요?
- 나: 네. 알랭 씨도 알다시피 요즘 제가 시간이 없네요.
- 방금 들으셨다시피 한국의 저출산 문제는 심각합니다.
- 아까 말씀드렸다시피 행사를 마무리했으니 이제 기념사진 촬영을 하겠습니다.

-다시피	
	• 듣다 → **듣다시피**
	• 보다 → **보다시피**
	• 알다 → **알다시피**

---

1. 그림을 보고 보기와 같이 친구와 이야기해 보세요.

보기

여러분도 아시다시피 요즘 회사 매출이 상승하고 있습니다.

알다   요즘 회사 매출이 상승하고 있다

1)

보다

지금 폭설이 내리고 있다

2)

느끼다

요즘 경기가 좋지 않다

3)

짐작하다

앞으로 일자리가 더 줄어들 것으로 보이다

---

2. 여러분과 친구들이 이미 알고 있는 정보가 있습니까? 친구들에게 이야기해 보세요.

여러분도 아시다시피 요즘 한국 내 외국인 수가 증가하고 있습니다.

단어장

미처
매출
폭설
짐작하다

2 동 -는 법이다

앞의 상태나 행동이 당연하거나 이미 그렇게 정해진 것임을 나타낸다.

고 천: 저 사건의 범인이 처벌을 받게 되었대요.
김영욱: 잘못한 사람은 반드시 벌을 받는 법이지요.

예문

• 가: 대한민국 국민에게는 기본적인 권리와 의무가 있습니다.
  나: 네. 권리를 누리면 동시에 의무도 다해야 되는 법입니다.

• 노력하는 사람이 기회를 잡는 법이다.

• 시간이 지나면 잊게 되는 법이라고 하지만 그 기억은 아직도 생생하다.

-는 법이다	• 찾다 ➡ 찾는 법이다
	• 가다 ➡ 가는 법이다
	★ 알다 ➡ 아는 법이다

---

1. 보기 와 같이 친구와 이야기해 보세요.

나쁜 일을 계속하면 결국 잡히네요.

그래요. 꼬리가 길면 밟히는 법이에요.

	상황	**속담**
보기	나쁜 일을 계속하면 결국 잡히다	"꼬리가 길면 밟힌다"
1)	세월이 흐르니까 세상이 변하다	"십 년이면 강산도 변한다"
2)	많이 배운 사람이 겸손하게 말하다	"벼는 익을수록 고개를 숙인다"
3)	어릴 때의 교육이 중요하다	"세 살 적 버릇이 여든까지 간다"
4)	여러 사람이 주장을 내세우면 일을 망치다	"사공이 많으면 배가 산으로 간다"

---

2. 여러분이 알고 있는 당연한 사실이나 진리에 대해 친구들과 이야기해 보세요.

• 최선을 다하면~
• 웃으면~
• 겨울이 가면~

최선을 다하면 좋은 결과를 얻는 법이에요.

단어장

권리
의무를 다하다
강산
벼
버릇

1. 제이슨 씨와 애나 씨가 이야기합니다. 다음 대화처럼 이야기해 보세요.

애　나: 제이슨 씨, 어디를 그렇게 급히 가요?

제이슨: 친구가 갑자기 병원 응급실에 갔대요. 그래서 가 보려고요.

애　나: 어머나, 빨리 가 보세요. 그런데 제이슨 씨, 오토바이를 탈 때는 헬멧을 꼭 써야 돼요. 안 쓰면 위험하고 범칙금도 내야 되잖아요.

제이슨: 아, 네. 깜박했네요. 애나 씨도 알다시피 지금 너무 급한 상황이라서요. 저는 원래 교통 법규를 잘 지키는데…….

애　나: 지금 친구가 병원에 있다고 하니까 마음이 급했나 보네요.

제이슨: 네. 정말 걱정이 돼요.

애　나: 제이슨 씨, 아무리 급해도 교통 법규는 꼭 지켜야 하는 법이잖아요. 운전도 조심하고요.

제이슨: 네, 알겠어요.

4-15 EBOOK

1) 오토바이를 탈 때는 헬멧을 꼭 쓰다 ｜ 알다, 지금 너무 급한 상황이다

2) 운전을 할 때는 안전벨트를 꼭 매다 ｜ 보다, 지금 너무 당황하다

2. 아래 상황에 맞게 법규를 잘 모르는 사람과 법규를 알려 주는 사람이 되어 대화해 보세요. 그리고 여러분의 경험도 이야기해 보세요.

법규	법규를 지켜야 하는 이유
• 아기는 카 시트에 앉혀야 한다. • 어린이 보호 구역에서는 속도를 줄인다.	• 사고가 났을 때 아기를 지킬 수 있다. • 길을 걷는 어린이들을 보호해야 한다.

단어장

응급실
당황하다

1. 여러분은 아래와 같은 기사를 본 적이 있습니까? 어떤 문제가 있습니까?

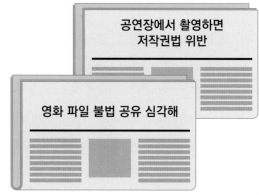

공연장에서 촬영하면
저작권법 위반

영화 파일 불법 공유 심각해

2. 라디오 방송에서 진행자와 변호사가 이야기합니다. 잘 듣고 질문에 답해 보세요.

15-L.mp3

1) 명예 훼손죄에 해당하는 것은 무엇입니까?

❶ 영화관에서 불법으로 영화를 촬영했다.

❷ 콘서트에 가서 가수의 얼굴을 사진기로 찍었다.

❸ 인터넷에 어떤 가수를 나쁘게 욕하는 글을 썼다.

❹ 돈을 내고 산 음악 파일을 인터넷 홈페이지에 올렸다.

2) 들은 내용과 같으면 ○, 다르면 X 하세요.

❶ 모욕죄에 걸리면 200만 원 이상의 벌금을 낼 수도 있다. (   )

❷ 공연장에서 허락 없이 촬영하면 저작권법에 걸린다. (   )

❸ 직접 구입한 영화 파일은 인터넷에서 공유해도 된다. (   )

3) 진행자는 살기 좋은 사회가 어떻게 만들어진다고 했습니까?

단어장

공유
명예 훼손죄
모욕죄

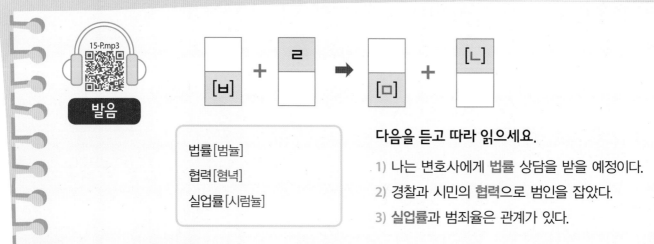

15-P.mp3

발음

[ㅂ] + ㄹ → [ㅁ] + [ㄴ]

법률[범뉼]
협력[혐녁]
실업률[시럼뉼]

다음을 듣고 따라 읽으세요.

1) 나는 변호사에게 **법률** 상담을 받을 예정이다.

2) 경찰과 시민의 **협력**으로 범인을 잡았다.

3) **실업률**과 범죄율은 관계가 있다.

1. 다음은 경범죄에 대한 그림과 그래프입니다. 어떤 내용인지 이야기해 보세요.

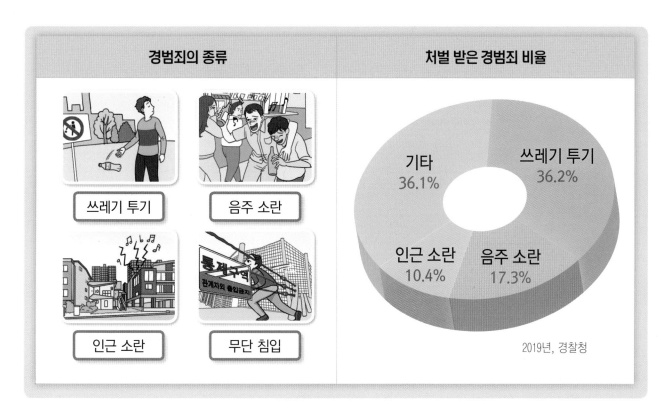

2. 다음의 신문 기사는 무엇에 대한 것입니까? 이야기해 보세요.

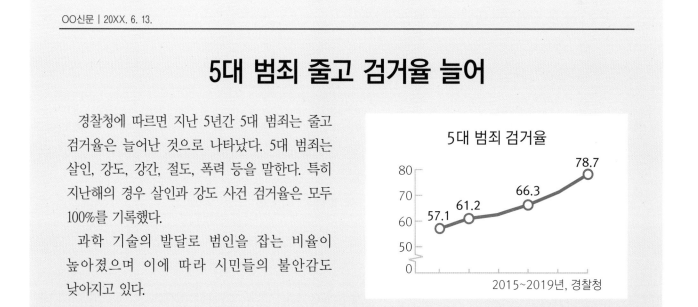

3. 다음은 신문 기사입니다. 잘 읽고 질문에 답해 보세요.

생활 속 '경범죄' 1년에 10만 건 이상

경범죄는 일상생활에서 흔하게 일어나고 처벌이 가벼운 범죄를 의미한다. 사람들은 흔히 경범죄라고 하면 대수롭지 않게 생각하는 경우가 많다. 그러나 모든 범죄 행위에는 처벌이 뒤따르는 법이다. 한국에는 모두 54개의 경범죄가 있고 경범죄에 걸리면 벌금을 내야 한다. 지난 1년 동안 10만 건 이상의 경범죄가 처벌의 대상이 되었다.

경찰청 자료에 따르면 가장 많이 처벌을 받은 경범죄는 '쓰레기 투기'가 36.2%로 가장 높게 나타났다. 그다음으로 술에 취해 소란을 피우는 '음주 소란'이 17.3%였다. 주변을 시끄럽게 하는 '인근 소란'도 10.4%로 그 뒤를 이었다. 이외에도 출입이 금지된 장소에 들어가는 일, 다른 사람의 집이나 차에 광고물을 붙이는 일도 경범죄에 해당된다. 또한 다른 사람을 지속적으로 쫓아다니고 괴롭히는 행동도 경범죄로 처벌을 받게 된다.

살인이나 강도, 폭력과 같은 무거운 범죄만 시민들에게 피해를 주는 것이 아니다. 경범죄 역시 주변의 시민들에게 불편을 끼치거나 불안감을 준다. 모두가 알다시피 함께 사는 사회를 위해서는 각 사람들의 노력이 필요하다. 성숙한 시민 의식을 통해 안전하고 편안한 사회를 만들어야 할 때이다.

대한신문 김민정 기자

---

1) 다음 중 경범죄가 <u>아닌</u> 것은 무엇입니까?

❶ 길에서 시끄럽게 소란을 피웠다.

❷ 들어가면 안 되는 장소에 들어갔다.

❸ 다른 사람의 차에 광고물을 붙였다.

❹ 다른 사람을 때려서 다치게 했다.

2) 윗글의 내용과 같으면 ○, 다르면 X 하세요.

❶ 경범죄는 가벼운 범죄여서 걸려도 벌금을 내지 않는다.　　(　　)

❷ 작년에 경범죄로 처벌을 받은 경우는 10만 건이 넘었다.　　(　　)

❸ 작년에 술을 많이 마셔서 처벌받은 사람들이 가장 많았다.　　(　　)

3) 지난 1년간 사람들이 가장 많이 처벌을 받은 경범죄는 무엇입니까?

> **단어장**
>
> **대수롭지 않다**
> **지속적**
> **성숙하다**
> **시민 의식**

1. 우리 생활에서 법과 질서가 없다면 어떤 일이 일어날까요? 법과 질서가 필요한 이유는 무엇입니까?

| 법과 질서의 필요성 |

| 법과 질서를 지키지 않으면 생기는 문제점 |

| 법과 질서를 지켜야 하는 이유 |

2. 법과 질서의 필요성에 대한 여러분의 생각을 써 보세요.

찾기 쉬운 생활 법령 정보

사람들은 보통 '법'이라고 하면 어렵고 자신과 먼 이야기라고 느낀다. 따라서 정부에서는 국민들이 상황에 맞는 법을 더 쉽게 찾아볼 수 있도록 '찾기 쉬운 생활 법령 정보' 홈페이지와 '생활 법률' 애플리케이션을 제공하고 있다. 여기에는 가정, 금융, 교통, 근로, 사회 안전/범죄 등의 주제에 따라 법이 쉽게 설명되어 있다. 그리고 12개의 언어로도 정보가 제공되기 때문에 한국에 사는 외국인들도 이용하기 편리하다.

한편 법무부나 경찰청 등의 기관에서는 블로그나 유튜브 채널을 운영하고 있다. 이곳의 글이나 영상을 통해 사람들은 법을 쉽고 재미있게 이해할 수 있다.

법을 알고 지키면 나에게 이로운 일이 많다. 그러나 모르거나 지키지 않으면 불이익을 받게 된다. 이제 더 이상 법을 어렵게 생각하지 말고 법을 잘 알아서 편리하고 유익하게 살아가는 지혜가 필요하다.

1) '찾기 쉬운 생활 법령 정보'는 어떤 점이 좋습니까?

2) 법무부와 경찰청에서 어떤 방법으로 법을 알리고 있습니까?

3) 법과 관련된 여러 사이트에서 여러분이 알고 싶은 정보는 무엇입니까?

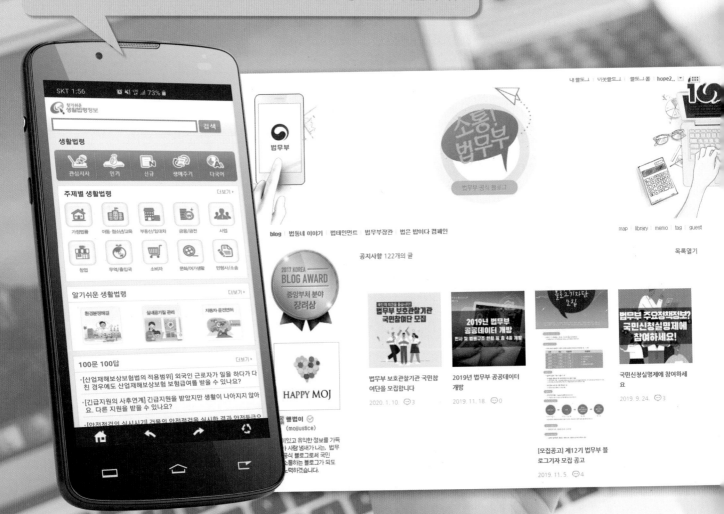

☐ 질서를 지키다	☐ 응급실
☐ 범죄를 저지르다	☐ 당황하다
☐ 법/법규를 위반하다	☐ 공유
☐ 범칙금/벌금을 내다	☐ 명예 훼손죄
☐ 처벌을 받다	☐ 모욕죄
☐ 불법	☐ 경범죄
☐ 신고 전화	☐ 쓰레기 투기
☐ 무단	☐ 음주 소란
☐ 저작권법	☐ 인근 소란
☐ 주정차 금지	☐ 무단 침입
☐ 불법 투기 단속	☐ 범죄
☐ 함부로	☐ 검거율
☐ 미처	☐ 살인
☐ 매출	☐ 강도
☐ 폭설	☐ 강간
☐ 짐작하다	☐ 절도
☐ 권리	☐ 폭력
☐ 의무를 다하다	☐ 대수롭지 않다
☐ 강산	☐ 지속적
☐ 벼	☐ 성숙하다
☐ 버릇	☐ 시민 의식

16 이민 생활

어휘: 외국인의 고충과 노력

문법: 동 형 -을지도 모르다

　　　명 치고

활동: 한국 생활 경험담 말하기

　　　나의 꿈에 대한 글 쓰기

문화와 정보: 사회통합프로그램과 한국 국적 취득

- 이 사람들은 한국에서 사는 동안 어떤 일이 있었던 것 같아요?
- 여러분은 한국에서 살면서 어떤 꿈을 이루고 싶어요?

1. 여러분은 한국에서 살면서 어떤 어려움을 겪었어요?

의사소통 문제

"대화가 잘 통하지 않아서 답답했어요."

"한국어를 못 알아들어서 의사소통에 어려움이 있었어요."

경제적인 문제

"무슨 일을 해야 할지 몰라 막막했어요."

"한국의 돈 단위가 익숙하지 않아 물건을 살 때마다 힘들었어요."

주변 사람과의 갈등

"주변 사람들과 사고방식이 달라서 갈등을 겪었어요."

"제가 외국인이라서 차별 대우를 당했어요."

문화 차이

"한국 문화를 잘 몰라서 실수하는 일이 많았어요."

"고향의 문화와 한국의 문화가 달라서 문화 충격을 경험했어요."

2. 여러분은 어려움이 있을 때 어떤 선택을 했어요?

- 극복하다
- 주변에 도움을 청하다
- 법에 호소하다

- 포기하다
- 혼자 고민하다
- 불의에 타협하다

3. 다음과 같은 어려움을 겪을 때 어떻게 해야 해요?

의사소통 문제

- 모르는 말은 그때그때 물어보다
- 내가 들은 게 맞는지 바로 확인하다

경제적인 문제

- 주변 사람들에게 고민을 솔직하게 털어놓다
- 합리적으로 소비를 하다

주변 사람과의 갈등

- 상대방의 입장을 이해하려고 노력하다
- 적극적으로 소통하면서 해결 방안을 찾다

문화 차이

- 문화 간 차이를 극복하려고 노력하다
- 다양한 문화에 대해 이해하는 시간을 가지다

1 동 형 -을지도 모르다

확실하지 않은 내용을 추측하거나 짐작하여 말할 때 사용한다.

안젤라: 지금 영주권을 신청하면 언제 받을 수 있을까요?

후 엔: 요즘 신청자가 많아서 생각보다 시간이 **걸릴지도 몰라요**. 마음의 여유를 가지세요.

예문

• 가: 휴대 전화가 또 고장이 났어요.

  나: 수리비가 더 많이 **들지도 모르니까** 이번에 새 걸로 하나 사세요.

• 하늘이 흐린 걸 보니까 오후쯤에 비가 **올지도 모르겠어요**.

• 외국에서 생활하다 보면 힘들고 어려운 일이 **생길지도 모르지만** 열심히 해 보겠습니다.

-을지도 모르다	• 겪다 → **겪을지도 모르다**
	• 많다 → **많을지도 모르다**
-ㄹ지도 모르다	• 오다 → **올지도 모르다**
	• 걸리다 → **걸릴지도 모르다**
	★ 힘들다 → **힘들지도 모르다**

---

1. 그림을 보고 보기 와 같이 친구와 이야기해 보세요.

미래의 교통은 어떻게 될까요?

보기 교통

운전자 없이 자동차가 스스로 운행할지도 몰라요.

자동차 스스로 운행하다

하늘을 나는 차가 나오다

1)

의학 기술의 발전

알약으로 식사를 대신하다

불치병을 치료하다

2)

지구 온난화

동물들이 멸종하다

겨울이 사라지다

3)

출생아 수 (만 명) 저출산

86 65 43 35 32

1980 1990 2000 2010 2020

길에서 아이를 보기가 힘들다

초등학교가 사라지다

2. 여러분은 10년 후에 어떤 모습으로 살고 있을까요? '-을지도 모르다'를 사용해 이야기해 보세요.

고향에서 큰 호텔의 사장이 되어 있을지도 몰라요.

단어장

불치병

멸종하다

사라지다

2 명 치고

앞의 말 전체가 예외 없음을 나타내거나 그중 예외적임을 나타낼 때 사용한다.

예문
- 가: 면접이 벌써 끝났어요? 더 오래 걸릴 줄 알았는데요.
  나: 그러게요. 중요한 면접치고 빨리 끝난 편이에요.
- 아이들치고 만화책이나 게임을 안 좋아하는 아이가 없다.
- 이 물건은 중고치고 상태가 아주 좋다.

이　링: 선생님, 한국 생활이 힘들어서 그냥 고향에 돌아가 버릴까 이런 생각이 들어요.

정아라: 외국에서 사는 사람치고 안 힘든 사람은 없으니까 힘을 내세요.

치고	• 외국인 → 외국인치고
	• 아이 → 아이치고

1. 보기 와 같이 친구와 이야기해 보세요.

> 한국에서 영주권을 신청해서 받는 데까지 얼마나 걸렸어요?

> 5년 걸렸어요. 영주권 받는 사람치고 좀 오래 걸렸죠.

		평균	실제
보기	한국에서 영주권을 신청해서 받다	3년	5년
1)	취업할 수 있을 정도로 한국어를 잘하다	3년	1년 반
2)	가게 개업을 준비하다	1년	6개월
3)	취업을 위해 자격증을 따다	2년	1년 반

2. 자신의 한국 생활에 대해 '치고'를 사용해 친구들과 이야기해 보세요.

- 한국 문화에 적응하는 데 오래 걸렸어요?
- 한국 생활이 힘들었어요?
- 한국 드라마를 이해하는 데까지 얼마나 걸렸어요?

> 저는 한국 문화에 적응하는 데 1년쯤 걸린 것 같아요. 한국에서 사는 외국인치고 좀 오래 걸린 편이에요.

단어장
영주권
개업

1. 후엔 씨가 사회통합프로그램 수료식에서 소감 발표를 하고 있습니다. 다음과 같이 이야기해 보세요.

사회통합프로그램 수료식

후엔: 안녕하십니까?

오늘 소감을 발표하게 된 후엔이라고 합니다. 저는 한국에 온 지 6년 정도 됐는데요. 이렇게 기쁜 자리에 서니까 힘들었던 지난날이 생각납니다. 외국에서 사는 사람치고 힘들지 않은 사람이 없겠지만 저도 처음 한국에 왔을 때는 한국 사람과 의사소통이 안 돼서 고생을 많이 했습니다. 그럴 때마다 주변 사람들에게 물어보면서 문제를 해결했습니다.

그리고 일자리를 찾지 못해 막막할 때도 있었습니다. 그럴 때도 할 수 있다는 자신감을 갖고 열심히 살았습니다. 제가 이런 경험을 하고 나니까 한국에 와서 저처럼 어려움을 겪는 외국인들이 많겠다는 생각이 들었습니다. 그래서 앞으로는 외국인을 돕기 위한 모임을 만들어서 어려움을 겪는 사람들에게 도움을 주면서 살고 싶습니다. 지금까지 부족한 제 이야기를 들어 주셔서 감사합니다.

4-16 EBOOK

1) 한국 사람과 의사소통이 안 돼서 고생을 많이 했다, 주변 사람들에게 물어보다
일자리를 찾지 못해 막막할 때가 있었다

2) 문화가 달라서 문화 충격을 받았다, 한국 역사와 문화를 공부하다
한국어 공부가 어려워서 실력이 늘지 않을 때가 있었다

2. 사회통합프로그램 수료식에서 여러분의 소감 발표를 해 보세요.

한국에서 살면서 힘들었던 부분	극복하기 위해 한 노력

단어장

· 수료식
· 소감

1. 여러분은 한국에서 성공한 이민자를 본 적이 있습니까?

> 방송 프로그램에 결혼 이민자가 나와서 유창하게 말하는 것을 본 적이 있어요.

> 토론 프로그램에 여러 명의 외국인 유학생이 나와서 이야기하는 것을 봤어요.

2. 앵커와 한현수 씨가 이야기합니다. 잘 듣고 질문에 답해 보세요.

1) 어렸을 때 한현수 씨의 꿈은 무엇이었습니까?

_____

2) 한현수 씨는 꿈을 이루고 싶은 사람에게 어떤 말을 해 주었습니까? 내용을 완성해 보세요.

> (   ) 안 되는 일이 없어요.
> 그리고 항상 (   ) 생각하다 보면 언젠가 꿈이 이루어질 거예요.

3) 들은 내용과 같으면 ○, 다르면 X 하세요.

❶ 한현수 씨는 학교생활에 잘 적응했다.   (   )

❷ 한현수 씨는 어릴 때부터 옷에 관심이 많았다.   (   )

❸ 한현수 씨는 힘든 일이 있을 때 포기하고 좌절했다.   (   )

단어장
영광
비결
마음먹다

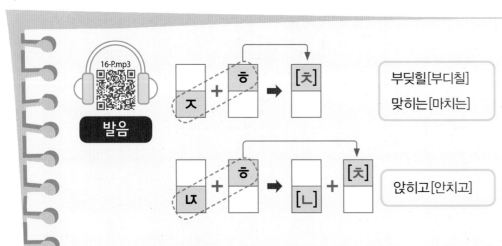

부딪힐[부디칠]
맞히는[마치는]

앉히고[안치고]

다음을 듣고 따라 읽으세요.

1) 문제에 **부딪힐** 때도 많아서 고생을 했습니다.

2) 이 문제를 먼저 **맞히는** 분에게 선물을 드리겠습니다.

3) 아이를 따로 **앉히고** 싶은데요. 의자 좀 주시겠어요?

1. 발표자들은 어떤 꿈을 가지고 있습니까? 여러분은 어떤 꿈이 있습니까?

이민자 한국어 말하기 대회

주제 **나의 꿈**

발표 순서
- 저의 꿈은 간호사입니다.
- 나의 꿈, 문화 전도사
- 세계적인 통역사를 위해 달려가겠습니다.
- 한식 조리사의 꿈, 한국에서 이루겠습니다.
- 미래의 꿈, 저와 함께 도전해 보세요.

2. 꿈을 이루기 위해서는 어떻게 해야 합니까?

| 끊임없이 도전하다 | 자기 계발을 하다 | 힘과 열정을 쏟다 / 최선을 다하다 | 어려움을 극복하다 / 고난을 이기다 |

3. 다음은 '나의 꿈'에 대한 발표문입니다. 잘 읽고 질문에 답해 보세요.

저의 꿈은 간호사입니다

안녕하세요? 저는 시부모를 모시면서 애 둘을 키우고 농사를 짓는 남편을 둔 평범한 주부입니다. 그리고 병원에서 근무한 지 1년이 채 안 된 새내기 간호조무사이기도 합니다. 어릴 때부터 간호사를 꿈꾸던 제가 어떻게 낯선 한국 땅에서 꿈에 한발 다가갔는지 말씀드리기 위해 이 자리에 나왔습니다.

저는 2009년 베트남에서 남편을 만나서 결혼하게 되었습니다. 결혼 직후 남편에게 간호사가 되고 싶다고 말했더니 한국말이 서툴러서 어렵지 않겠느냐는 반응이었습니다. 그래서 우선 한국어 프로그램을 열심히 들으면서 한국 생활에 적응하기 위해 노력했습니다. 한국 국적을 취득하고 난 후에는 한동안 아이들을 키우고 집안일을 하는 등 바쁜 일상이 계속되었습니다.

그러던 어느 날 센터에서 간호조무사 취업 과정을 운영한다는 소식을 듣고 바로 '이것이 내 길이다'라는 생각이 들어 무조건 도전하게 되었습니다. 낮에는 공부하고 밤에는 늦게까지 배운 것을 복습하는 힘든 나날이 계속되었지만 꿈을 이룰 수 있을지도 모른다는 기대감에 몸이 힘든지도 몰랐습니다. 저를 믿고 응원해 준 남편과 시부모님 덕분에 드디어 간호조무사 시험에 합격하고 지금은 집 근처의 작은 병원에 근무하고 있습니다.

그렇지만 저의 도전은 여기가 끝이 아닙니다. 다음에는 간호사가 되기 위해 끊임없이 도전하고 있습니다. 간호조무사에 비해 간호사가 되기는 훨씬 어려워서 언제 제가 간호사 자격증을 취득할지 모릅니다. 얼마나 걸릴지 모르겠지만 저는 제 꿈을 이루기 위해 최선을 다할 것입니다.

1) 이 사람의 직업은 무엇입니까?

_____

2) 이 사람은 앞으로 무슨 일에 도전할 것입니까?

_____

3) 윗글의 내용과 같으면 ○, 다르면 X 하세요.

❶ 이 사람은 한국어 수업을 들으면서 간호조무사 공부를 했다.　（　　）

❷ 이 사람이 공부를 할 때 다른 사람의 도움을 받을 수 없었다.　（　　）

❸ 이 사람에게 간호사 자격증이 있어도 취업은 어려울 것이다.　（　　）

> **단어장**
> 모시다
> 새내기
> 간호조무사
> 직후
> 나날

1. 여러분의 꿈은 무엇입니까? 그 꿈을 이루기 위해 어떻게 해야 합니까? 그리고 꿈을 이루기 위해 지금 어떤 노력을 하고 있습니까? 다음 표에 메모해 보세요.

나의 꿈

해야 하는 것

지금 하고 있는 노력

2. '나의 꿈'에 대한 글을 써 보세요.

사회통합프로그램과 한국 국적 취득

사회통합프로그램은 이민자가 사회 구성원으로 적응하는 데에 필요한 한국어와 한국 문화에 대한 교육을 제공하는 프로그램이다. 사회통합프로그램은 0단계부터 5단계까지 있는데 각 단계의 평가를 통과하고 최종적으로 귀화용 종합 평가에 합격하면 한국 국적을 취득할 수 있다. 즉, 한국 국적을 취득하려면 한국어 능력과 한국의 풍습에 대한 이해 등 한국 국민으로서의 기본 소양을 평가받아야 하는데 귀화용 종합시험이 이를 대신한다.

한국 국적을 신청하려면 귀화 허가 신청서, 여권, 본국 신분증 원본과 사본, 범죄 경력 증명서, 가족 관계 증명서, 주민 등록 등본 등의 서류가 필요하다. 먼저 귀화 허가 신청은 구비 서류를 가지고 주소지의 출입국 관리 사무소에 직접 가서 신청해야 한다. 그러면 귀화심사를 진행하게 되는데 서류 심사-면접 심사-실태 조사 등의 절차가 진행된다. 귀화 허가 통지서를 받게 되면 기본 증명서를 발급받아 시청이나 구청, 주민 센터에 제출해야 한다. 귀화 허가일로부터 1년 이내에 본국 국적을 포기하고 주민 등록을 하게 되면 주민 등록증을 발급받을 수 있다.

1) 사회통합프로그램 귀화용 종합시험에 합격하면 어떤 혜택이 있습니까?
2) 한국 국적을 신청하려면 어떤 서류가 필요합니까?
3) 여러분은 사회통합프로그램을 참여하면서 어떤 계획을 가지고 있는지 이야기해 보세요.

☐ 막막하다	☐ 비결
☐ 갈등을 겪다	☐ 마음먹다
☐ 차별 대우를 당하다	☐ 꿈
☐ 극복하다	☐ 전도사
☐ 법에 호소하다	☐ 달려가다
☐ 불의에 타협하다	☐ 끊임없이
☐ 불치병	☐ 자기 계발
☐ 멸종하다	☐ 열정을 쏟다
☐ 사라지다	☐ 고난을 이기다
☐ 영주권	☐ 모시다
☐ 개업	☐ 새내기
☐ 수료식	☐ 간호조무사
☐ 소감	☐ 직후
☐ 영광	☐ 나날

복습 2

어휘

※ [1~4] 〈보기〉와 같이 (   )에 들어갈 알맞은 것을 고르세요.

─────────── 〈보기〉 ───────────

머리가 아픕니다. 그래서 (   )에 갑니다.

① 학교   ② 시장   ❸ 약국   ④ 공항

1. 자전거를 타다가 (   ) 팔이 부러졌다.

   ① 데어서   ② 베어서   ③ 넘어져서   ④ 찢어져서

2. 투표하기 전에 후보자들이 제시한 (   )을/를 잘 확인해야 한다.

   ① 공약   ② 당선   ③ 투표   ④ 참여

3. 요즘 초중고등학교에서는 학생들이 사회생활에 필요한 올바른 성격과 가치관을 기를 수 있도록 (   ) 교육을 강화하고 있다.

   ① 인성   ② 창의   ③ 자율적   ④ 주입식

4. 한국 회사에 입사한 지 얼마 안 되었을 때 일을 어떻게 해야 할지 몰라 (   ) 답답했는데 동료들 덕분에 잘 적응할 수 있었다.

   ① 막막하고   ② 포기하고   ③ 재도전하고   ④ 열정을 쏟고

※ [5~7] 밑줄 친 부분과 의미가 <u>반대</u>인 것을 고르세요.

5. 신호를 <u>위반하고</u> 횡단보도를 건너면 범칙금을 내야 한다.

    ① 줄이고   ② 지키고   ③ 무시하고   ④ 이용하고

6. 물가가 <u>상승하면서</u> 합리적인 소비 생활을 위해 노력하는 사람들이 많아지고 있다.

    ① 공급하면서   ② 증가하면서   ③ 하락하면서   ④ 폭등하면서

7. 한국어로 말할 때 너무 <u>직설적으로</u> 이야기하면 다른 사람에게 상처를 줄 수 있다.

    ① 어색하게   ② 유창하게   ③ 완곡하게   ④ 정확하게

※ [8~10] 밑줄 친 부분과 의미가 비슷한 것을 고르세요.

8. 수질 오염을 줄이기 위해 <u>자연환경을 오염시키지 않는</u> 세제를 사용하고 있다.

    ① 일회용   ② 대용량   ③ 재활용   ④ 친환경

9. 한국 친구들과 이야기할 때 친구들이 <u>새로 생긴 말</u>을 사용하면 이해하기 힘들다.

    ① 비속어   ② 사투리   ③ 높임말   ④ 신조어

10. 경제 상황과 일자리는 서로 관련이 있다. <u>경제 상황이 안 좋은</u> 시기에는 일자리가 감소되어 사람들의 생활이 어려워진다.

    ① 변동   ② 불황   ③ 실업   ④ 호황

※ [1~6] 〈보기〉와 같이 (   )에 들어갈 가장 알맞은 것을 고르세요.

〈보기〉

아나이스 씨는 지금 공원(   ) 운동을 합니다.

　① 을　　　　　　② 이　　　　　❸ 에서　　　　　④ 에

---

1. | 가: 요즘 많이 바쁘지요?
    | 나: 네. 너무 바빠서 밥 먹을 시간(   ) 없어요.

　① 이나　　　　　② 보다　　　　　③ 만큼　　　　　④ 조차

2. | 가: 이링 씨는 외국 사람(   ) 매운 음식을 잘 먹네요.
    | 나: 우리 고향 음식도 좀 매운 편이거든요.

　① 까지　　　　　② 치고　　　　　③ 일수록　　　　④ 이므로

3. | 가: 한국어 말하기 실력을 늘리고 싶어요.
    | 나: 꾸준한 연습(   ) 말하기를 잘할 수 있는 좋은 방법이에요.

　① 이어서　　　　② 이야말로　　　③ 으로부터　　　④ 으로 인해

4. | 가: 맞벌이를 하니까 저축을 많이 하겠어요.
    | 나: 저축(   ) 생활비도 모자라서 걱정이에요.

　① 밖에　　　　　② 이며　　　　　③ 에다가　　　　④ 은커녕

5.

> 가: 버스에서 졸다가 못 (   ).
>
> 나: 그래도 잘 내렸으니 다행이에요.

① 내렸나 봐요
② 내리면 안 돼요
③ 내릴 뻔했어요
④ 내릴지도 몰라요

6.

> 가: 한국 생활이 너무 힘들어요.
>
> 나: 누구나 처음에는 (   ). 시간이 지나면 괜찮아질 거예요.

① 힘든 척해요
② 힘들면 돼요
③ 힘드냐고 해요
④ 힘들기 마련이에요

※ [7~12] 밑줄 친 부분과 의미가 비슷한 것을 고르세요.

7.

> 가: 라민 씨, 도와줘서 고마워요. 앞으로도 잘 부탁해요.
>
> 나: 네. 제가 여기에 <u>있는 동안에는</u> 계속 도와드릴게요.

① 있어도
② 있는 한
③ 있어야만
④ 있기 위해서

8.

> 가: 안젤라 씨는 제가 자기를 좋아하는 걸 모르나 봐요. 너무 속상해요.
>
> 나: 다 알면서도 <u>모르는 듯이 행동</u>하고 있는 거 아닐까요?

① 모를 텐데
② 모르는 척
③ 모른 나머지
④ 모를 뿐더러

9.

> 가: 주말에는 식당에 자리가 <u>없을 수도 있는데</u> 예약해 두는 게 어때요?
>
> 나: 네. 그렇게 하는 게 좋겠어요.

① 없어 가지고
② 없는 데다가
③ 없어서 그런지
④ 없을지도 모르는데

10.

> 가: 요즘 경기가 안 좋아서 많이 힘든데 앞으로 어떻게 될까요?
>
> 나: 이 화면에서 <u>보시는 것처럼</u> 앞으로는 점점 좋아질 것으로 예상됩니다.

① 보시다가   ② 보시자마자

③ 보시다시피   ④ 보시고 해서

11.

> 가: 잠시드 씨, 좋은 일 <u>있는 것 같아요</u>. 아까부터 계속 웃고 있네요.
>
> 나: 아, 오늘 고향에서 부모님이 오시거든요.

① 있잖아요   ② 있나 봐요

③ 있다면서요   ④ 있다고 해요

12.

> 가: 고천 씨, 아침에 늦게 출발했는데 버스는 잘 탔어요?
>
> 나: 버스 타려고 열심히 뛰어갔지만 <u>결국 놓쳤어요</u>.

① 놓칠 만해요   ② 놓치곤 했어요

③ 놓치고 말았어요   ④ 놓칠 수밖에 없어요

※ [13~15] 밑줄 친 부분이 틀린 것을 고르세요.

13. ① 슬기는 <u>어린아이치고</u> 생각이 깊은 편이다.
    ② <u>건강이야말로</u> 우리에게 가장 소중한 것이다.
    ③ 배탈이 나서 얼마 동안 <u>물조차</u> 마실 수 있다.
    ④ 열차의 <u>고장으로 인해</u> 운행이 5분 지연되었다.

14. ① 끊임없는 거짓말은 언젠가 <u>밝혀진 법이다</u>.
    ② 골목에서 갑자기 차가 나와서 사고를 <u>당할 뻔했다</u>.
    ③ 버스 노선도를 잘못 봐서 반대로 가는 버스를 <u>타고 말았다</u>.
    ④ 며칠 전에 친구와 싸운 뒤로는 복도에서 만나도 <u>못 본 척한다</u>.

15. ① 주말 동안 비가 와서 <u>꽃구경은커녕</u> 집안일만 잔뜩 했습니다.
    ② 아이들이 자신감을 갖고 스스로 <u>공부하도록</u> 격려해 줘야 합니다.
    ③ 그동안 외국어 통역 봉사 활동을 <u>열심히 하므로</u> 이 상을 드립니다.
    ④ 일회용품의 사용을 <u>줄이지 않는 한</u> 환경 오염을 막기 힘들 것입니다.

※ [1] 다음 내용과 같은 것을 고르세요.

1.
예전에는 학생의 흥미나 능력, 이해 등을 고려하지 않고 일방적으로 정한 교육 내용을 학생에게 쏟아붓는 주입식·암기식 교육이 주로 이루어졌다. 주입식·암기식 수업에서 학생들은 배운 내용을 외우는데 이는 빠르게 암기하는 두뇌 활동으로 이어져 학습 효과를 가져오기도 한다. 그러나 이 수업은 학생 한 사람 한 사람의 차이를 무시하고 모두 같은 내용과 분량을 가르쳐서 수업은 교사 중심, 교과서 중심으로 진행되었다. 아울러 학생들의 자유로운 사고를 막아서 미래 사회에 꼭 필요한 창의적인 사고를 길러 주지 못한다는 점에서 많은 비판을 받았다.

① 주입식 교육은 자유롭고 창의적인 생각을 이끌지 못한다.
② 주입식 교육에서는 학생의 활동이 매우 중요하게 생각된다.
③ 최근까지도 수업은 대부분 주입식 교육 방식으로 이루어졌다.
④ 교육 전문가들은 주입식 교육의 교육 효과가 전혀 없다고 본다.

※ [2] 다음 (   )에 알맞은 것을 고르세요.

2.
주   민: 아파트 윗집에서 하루 종일 크고 작은 소음을 내서 정말 힘드네요. 관리 사무실을 통해 몇 번이나 조용히 해 달라고 부탁했는데 소용이 없고요. 어떻게 해야 하죠?

상담원: 사실 지나친 층간 소음은 경범죄 처벌 대상입니다. 경범죄 처벌법에 따르면 인근 소란 등에 대해 10만 원 이하의 벌금으로 처벌하도록 규정하고 있습니다. 그런데 주로 어떤 소음이 들립니까?

주   민: 아이들이 이리저리 뛰어다니는 소리가 제일 심해요. 일단 경찰에 신고하면 이 문제가 해결될까요?

상담원: 아이들의 소리라고요? 어린이가 뛸 때 발생하는 소음은 (   ). 소음의 크기와 지속 시간을 명확히 측정할 수 없기 때문입니다.

① 경찰에 신고하면 곧 해결할 수 있다고 합니다.
② 경범죄 처벌법으로 처벌하기 어렵다고 들었습니다.
③ 경범죄이지만 윗집에서는 벌금을 많이 낼 것입니다.
④ 윗집에서 10만 원의 위로금을 주도록 되어 있습니다.

※ [3~5] 다음을 읽고 질문에 답하세요.

3. 다음 글의 내용과 같은 것을 고르세요.

편의점 협회의 분석 결과에 따르면, 최근의 불황 속에서도 명절에 고속도로 휴게소 편의점을 다녀간 고객 수는 평소보다 약 4.1배 늘어난 것으로 조사되었다. 이는 일반 편의점의 매출 증가 대비 12배 이상 많은 수치이다. 또한 구매 상품의 경우 고향에 내려갈 때는 장거리 운전에 대비하기 위해 가벼운 먹을거리를 사고, 돌아올 때는 잠을 쫓아 줄 커피를 구매하는 사람이 많은 것으로 조사되었다.

이번 명절 기간에도 고속도로 휴게소 편의점을 방문하는 고객들이 증가할 전망이다. 이에 따라 휴게소 편의점에서는 고객들이 편의점을 더욱 편리하게 이용하도록 하기 위해 명절 전후에 상품 배치를 달리하는 등 매장 관리를 강화하는 방안을 마련하고 있다.

① 일반 편의점은 명절 기간에 상품의 위치를 바꿀 것이다.
② 명절 기간에 일반 편의점의 매출이 전국적으로 감소했다.
③ 집으로 돌아올 때 운전자들은 졸음을 없애기 위해 커피를 많이 산다.
④ 고속도로 휴게소 편의점은 명절 이용 고객이 평소보다 12배 증가했다.

4. 다음 글의 내용과 다른 것을 고르세요.

저는 한국에 온 지 2년 가까이 된 결혼 이민자입니다. 이제는 이곳 생활이 조금 익숙해졌지만 처음에는 한국의 날씨와 문화, 음식에 적응이 안 돼 너무 힘든 나머지, 눈물을 흘리기도 했습니다. 서툰 한국말 때문에 많은 어려움을 겪었고, 주변에 말이 통하는 사람이 없어서 슬프기 짝이 없었습니다. 그때 위로가 된 것은 근처의 센터에서 운영하는 사회통합프로그램이었습니다. 비슷한 처지의 외국인 친구들과 함께 한국어를 배우고 한국 생활에 대해 이야기를 나누면 마음속의 답답함이 조금 풀리는 듯했습니다. 앞으로 4단계를 마치면 한국 국적도 취득하고 자동차 운전면허도 따고 싶습니다. 저는 앞으로 저 자신과 우리 가족의 행복한 미래를 위해 끊임없이 자기 계발을 하며 열심히 살아갈 생각입니다.

① 이 사람은 2년 전쯤 한국에 왔다.
② 이 사람은 이미 한국 국적을 취득했다.
③ 처음에는 한국 생활에 적응을 잘 못했다.
④ 이 사람은 지금 한국어 4단계를 배우고 있다.

5. 다음 글의 내용과 <u>다른</u> 것을 고르세요.

> 22일 오전 6시 38분경 경기도의 한 플라스틱 공장에서 화재가 발생했다. 불이 나자 소방차 5대, 소방대원 70명 등이 현장에 도착해서 불을 껐다. 현재까지 사망자는 없고 부상자만 2~3명 발생한 것으로 파악됐다.
>
> 소방당국에 따르면 화재는 건물 지하 1층에서 발생해 2층까지 불길이 번졌으나 관계자들과 소방당국의 빠른 대처로 30분 만에 불을 끈 것으로 알려졌다. 한편 불에 탄 플라스틱 양이 약 200t에 달해 현장 정리 및 공장 정비까지 많은 시간이 걸릴 것으로 예상되고 있다. 소방 당국은 전기 고장으로 화재가 발생한 것으로 보고 정확한 사고 원인을 조사하고 있다.

① 화재의 원인은 전기 고장 때문인 것으로 추측된다.
② 플라스틱 공장에 난 불은 1시간도 되지 않아 꺼졌다.
③ 이번 화재로 인해 다친 사람은 있으나 죽은 사람은 없다.
④ 관계자들의 노력으로 화재 현장은 빠르게 정리될 것이다.

※ [6~7] 다음을 읽고 물음에 답하세요.

> 전국에서 발생한 쓰레기가 2018년 하루 평균 43만 899t으로 크게 증가했다. 1인당 한 해에 3t이 넘는 쓰레기를 버린 셈이다. 이것은 작년과 비교할 때 4% 가까이 늘어난 것이다. 1990년대 쓰레기 종량제 시행으로 개선되어 오던 쓰레기 문제가 다시 악화된 것이다.
>
> 쓰레기 급증의 주된 원인은 생활 쓰레기 증가로 전년 대비 5%나 늘었다. 이는 배달 문화가 확산되면서 포장재 사용이 늘어났기 때문이다. 한편 쓰레기 처리 시설이 부족한 점도 상황을 어렵게 하고 있다. (　ㄱ　) 전국에 '쓰레기 산'이 생길지도 모른다.
>
> 쓰레기 문제를 해결하기 위해서는 결국 아껴 쓰고 나눠 쓰고 바꿔 쓰고 다시 쓰는 수밖에 없다. 이렇게 지나친 소비를 줄이고 쓰레기를 재활용하면 환경을 보호할 수 있을 뿐만 아니라 쓰레기는 쓰레기대로 줄이고 쓰레기 처리 비용까지 절약할 수 있을 것이다.

6. ㄱ에 들어갈 말로 알맞은 것을 고르세요.

① 이러한 상황을 바꿈으로 인해　　　② 이러한 상황을 바꾸도록
③ 이러한 상황이 바뀌지 않는 한　　　④ 이러한 상황이 바뀌기 마련이므로

7. 윗글의 내용과 같은 것을 고르세요.

① 1990대 이후 쓰레기 문제는 계속 나빠졌다.
② 배달을 늘리면 쓰레기 문제가 해결될 것이다.
③ 1년 동안 1인당 쓰레기 배출량은 3t 이상이다.
④ 쓰레기 산이 늘고 있어서 환경이 오염되고 있다.

※ [8~9] 다음을 읽고 물음에 답하세요.

최근 투표율을 연령대별로 분석한 결과, 2030 청년들의 투표율은 지속적으로 높아지고 있지만 여전히 6070 노인층의 투표율에 미치지 못하는 것으로 나타났다. 이런 결과는 젊은이들에게 (㉠   ) 유의해야 한다.

예를 들어 노인 복지의 확대 같은 정책은 노인들의 혜택을 늘리므로 나이 든 사람들은 투표나 선거 과정에서 이 정책을 적극적으로 지지할 것이다. 그리고 정부는 투표 결과에 따라 노인 복지를 확대하는 정책을 실시할 것이다. 이렇게 된다면 젊은이들의 경제적인 부담은 늘 것이다.

이처럼 청년들이 선거나 투표에 참여하지 않을 경우 이는 자신들의 미래를 노년이나 장년 층에 맡기는 결과를 낳을 것이다. 젊은이들은 미래의 정책 방향을 정하는 각종 투표 결과에 가장 오래 영향을 받는다는 점을 인식하고 적극적으로 자신의 의사를 투표에 반영하도록 해야 할 것이다.

8. ㉠에 들어갈 말로 알맞은 것을 고르세요.

① 혜택을 가져다주므로　　　　　　② 지지를 이끌 수 있어서
③ 투표 의욕을 갖게 하므로　　　　④ 불리하게 작용할 수 있어서

9. 윗글의 중심 내용으로 적절한 것을 고르세요.

① 젊은 층의 투표율을 더욱 높여야 한다.
② 청년들은 선거에 참여할 필요를 못 느낀다.
③ 노장년 층의 높은 투표율은 바람직하지 않다.
④ 미래를 결정할 때 노장년 층의 경험을 활용해야 한다.

※ [1~2] 다음 그림을 보고 대화문을 만들어 옆 사람과 대화해 보세요.

1. 교통사고 현장의 경찰과 목격자

> • 무슨 사고가 났어요?
> • 왜 이런 사고가 났어요?

가: _____

나: _____

가: _____

나: _____

가: _____

나: _____

2. 외국인과 회사 동료

> • 한국어로 말할 때 무엇이 어려워요?
> • 한국어를 잘하기 위해 어떤 노력을 했어요?

가: _____

나: _____

가: _____

나: _____

가: _____

나: _____

※ [1~2] 다음 대화문에 알맞은 말을 쓰세요.

1.
> 가: 드디어 조리사 자격증을 땄다면서요? 축하해요.
>
> 나: 고마워요. 요리사가 되고 싶어서 그동안 정말 열심히 했거든요.
>
> 가: 누구라도 그렇게 노력하면 _____.

2.
> 가: 라민 씨, 발표를 한다더니 잘 했어요?
>
> 나: 간단한 발표였는데 너무 긴장해서 _____.
>
> 가: 다음번에 잘 하면 되니까 힘내세요.

※ [3] 다음 내용을 포함하여 '환경 오염의 원인과 그 해결 방법'이라는 제목으로 글을 쓰세요.

무슨 오염인가?	
오염의 원인은 무엇인가?	1) 2)
오염의 해결 방법은 무엇인가?	1) 2)

모범 답안

1 한국 생활 적응

듣기 p. 18

1) 고천 씨가 처음 한국어 공부를 한 시절에 대해 회상하고 있습니다.

2) 네, 좋아졌습니다.
   초기에는 손짓 발짓을 하고 번역기를 돌려 보여 주었지만 지금은 편하게 대화할 수 있습니다.

3) ① X
   ② O
   ③ X

읽기 p. 20

1) ③

2) 2, 5, 1, 4, 3

3) ① X
   ② X
   ③ O

2 가족의 변화

듣기 p. 30

1) 요즘 한국에서는 아이를 낳지 않는 부부가 점점 많아진다는 뉴스를 봤습니다.

2) ① O
   ② X
   ③ X

3) 결혼도 빨리 하고 아이도 많이 낳고 싶어 합니다.

읽기 p. 32

1) ④

2) 결혼에 대한 가치관 변화, 이혼율 증가, 고령화 등을 꼽을 수 있습니다.

3) ②

3 생활 속의 과학

듣기 p. 42

1) ①

2) ① X

② O

3) 환자가 보다 높은 의료 서비스를 받을 수 있습니다.

읽기 p. 44

1) ④

2) ① X
   ② O
   ③ O

3) ②

4 한국의 의례

듣기 p. 54

1) 검은색 옷을 입고 가는 것이 좋습니다.

2) 절을 하거나 기도를 한다.

3) ① O
   ② X
   ③ O

읽기 p. 56

1) 마이크: 가수가 된다

2) ②

3) ③

5 문화유산

듣기 p. 66

1) ①

2) ① O
   ② X
   ③ X

3) 한글을 이해하고 배우는 데 걸린 시간

읽기 p. 68

1) ① O
   ② X

2) 궁궐, 왕릉

3) ④

6 국제화 시대

듣기 p. 78

1) 한국 사회에서의 외국인의 증가
2) 기대: 저출산, 고령화로 인한 일손 부족 문제 해결
   우려: 국제적인 상황에 따른 내국인과 외국인의 갈등
3) ① O
   ② X
   ③ X

읽기 p. 80

1) 중국에서 일을 하고 있습니다.
2) 학교에서 배운 중국어를 사용해 보기 위해 갔습니다.
3) ① X
   ② X
   ③ O

7 현대인의 질병

듣기 p. 90

1) ④
2) 유통 기한이 지난 냉커피를 마시고 장염에 걸렸습니다.
3) ① X
   ② X
   ③ O

읽기 p. 92

1) 암이나 고혈압, 당뇨병 등이 있습니다.
2) ④
3) ① O
   ② X
   ③ O

8 정보화 사회

듣기 p. 102

1) ③
2) 통장 번호, 연락처, 주소
3) ① X

② O
③ O

읽기 p. 104

1) ③
2) ① 동영상도 촬영할 수 있고
   ② 은행 일을 보기도 한다.
3) ① X
   ② X
   ③ X

복습 1

어휘 p. 108

1. ①	2. ②	3. ④	4. ③	5. ③
6. ①	7. ②	8. ④	9. ②	10. ①

문법 p. 110

1. ①	2. ④	3. ④	4. ③	5. ③
6. ①	7. ②	8. ④	9. ①	10. ③
11. ④	12. ②	13. ③	14. ①	15. ②

읽기 p. 113

1. ④	2. ④	3. ③	4. ②	5. ②
6. ②	7. ④	8. ②	9. ②	

쓰기 p. 118

1. 일했더니, 수업을 하되
2. 낳지 않을 뿐만 아니라, 경제적인 부담, 개인 생활

9 사건과 사고

듣기 p. 126

1) 교통사고가 났습니다.
2) 휴대 전화를 보면서 걸어가다가 오토바이가 달려오는 것을 못 보고 부딪혔습니다.
3) ① X
   ② X
   ③ O

1) ① 절도 사건

　　② 방화 사건

2) ③

3) 중고로 손쉽게 팔 수 있기 때문입니다.

4) 불은 많은 입주 사무실 직원들이 퇴근한 시간에 발생하였고 주민들이 신속하게 대피했기 때문입니다.

5) ① X

　　② O

　　③ X

　　④ X

10　언어생활

읽기　p. 138

1) 결과가 별로 안 좋습니다.

2) ① X

　　② O

　　③ O

3) 직설적으로 말했습니다.

읽기　p. 140

1) 과거에는 없었던 것들을 표현하고, 급변하는 사회의 특징을 반영하기 위해서 등장하게 되었습니다.

2) ②

3) ③

11　교육 제도

듣기　p. 150

1) 외국어 조기 교육에 대해서 이야기하고 있습니다.

2) ④

3) ① X

　　② O

　　③ O

읽기　p. 152

1) ②

2) ① O

---

　　② O

　　③ X

3) 검정고시를 통해서 얻을 수 있습니다.

12　선거와 투표

듣기　p. 162

1) ☑ 지방 선거

2) ☑ 투표소

3) ① X

　　② X

　　③ X

　　④ O

읽기　p. 164

1) ④

2) ① 참신성

　　② 정치 감각

　　③ 판단력과 추진력

　　④ 행정 경험과 전문성

　　⑤ 도덕성

　　⑥ 소통 능력

3) ① O

　　② O

　　③ X

13　환경 보호

듣기　p. 174

1) 분리수거를 하느라고 늦었습니다.

2) 쓰레기를 같이 버립니다.

3) ① X

　　② X

　　③ O

읽기　p. 176

1) 환경 오염의 영향 때문입니다.

2) 여름: 몇 년 전 유럽의 여러 나라와 미국에서는 여름 기온이 최고 50℃까지 오르고 폭우가 내렸습니다.

겨울: 유럽의 일부 국가에서는 폭설과 한파로 기온이
　　　영하 30℃까지 내려갔습니다.

3) ③

14　생활과 경제

듣기　p. 186

1) ①

2) ① O

　　② O

　　③ X

3) ③

읽기　p. 188

1) ④

2) ① O

　　② X

　　③ O

3) 물가 급등, 청년 실업률 증가

15　법과 질서

듣기　p. 198

1) ③

2) ① X

　　② O

　　③ X

3) 모두의 작은 실천이 모여 살기 좋은 사회가 만들어진
다고 했습니다.

읽기　p. 200

1) ④

2) ① X

　　② O

　　③ X

3) 쓰레기 투기입니다.

16　이민 생활

듣기　p. 210

1) 모델이었습니다.

2) 힘든 일이 있어도 포기하지 않고 노력하면,
긍정적으로

3) ① X

　　② O

　　③ X

읽기　p. 212

1) 간호조무사입니다.

2) 간호사가 되기 위해 계속 도전할 것입니다.

3) ① X

　　② X

　　③ X

복습 2

어휘　p. 216

| 1. ③ | 2. ① | 3. ① | 4. ① | 5. ② |
| 6. ③ | 7. ③ | 8. ④ | 9. ④ | 10. ② |

문법　p. 218

1. ④	2. ②	3. ②	4. ④	5. ③
6. ④	7. ②	8. ②	9. ④	10. ③
11. ②	12. ③	13. ③	14. ①	15. ③

읽기　p. 221

| 1. ① | 2. ② | 3. ③ | 4. ② | 5. ④ |
| 6. ③ | 7. ③ | 8. ④ | 9. ① | |

쓰기　p. 226

1. 성공하는 법이지요

2. 실수하고 말았어요

듣기 지문

1 한국 생활 적응

김영욱(남): 와, 당신 '가, 나, 다, 라' 하던 게 엊그제 같은데 벌써 4단계네요.

고　천(여): 시간이 정말 빠르죠? 처음에 제가 한국말 잘 못해서 우리도 손짓 발짓하면서 얘기했잖아요.

김영욱(남): 맞아요. 서로 번역기 돌려서 보여 주기도 하고. 그래서 내가 중국어를 배우기 시작했잖아요. 어려워서 금방 포기하기는 했지만…….

고　천(여): 하하. 정말 그런 적도 있었네요.

김영욱(남): 당신이 열심히 사회통합프로그램 수업을 들은 덕분에 우리가 이렇게 편하게 대화할 수 있게 된 거 같지요?

고　천(여): 네, 그런 거 같아요. 사실 처음에는 멀리까지 수업을 다니느라고 힘들어서 그만두고 싶기도 했어요.

김영욱(남): 그런데 어떻게 꾸준히 수업에 다녔어요?

고　천(여): 어느 날 어떤 선배 언니가 한국 생활 적응을 위해서는 언어가 제일 중요하다고, 절대로 그만두지 말라고 하면서 '고진감래'라는 말을 해 줬어요. 무슨 일이 있어도 사회통합프로그램 수업은 끝까지 들으라고요.

김영욱(남): 고진감래. 고생 끝에 낙이 온다는 옛말이 정말 맞네요. 맞아.

2 가족의 변화

제이슨(남): 얼마 전에 뉴스에서 봤는데 요즘 한국에서는 아이를 낳지 않는 부부가 점점 많아지고 있대요.

이　링(여): 우리 고향도 비슷해요. 옛날에는 결혼하면 아이를 낳는 게 당연하다고 생각했지만 요즘은 생각이 많이 바뀐 것 같아요.

제이슨(남): 맞아요. 아이를 낳지 않을 뿐만 아니라 결혼 자체를 안 하잖아요.

이　링(여): 네. 경제적인 부담도 크고 개인 생활을 중시하는 분위기 때문에 그런 것 같아요.

제이슨(남): 이링 씨는 어때요?

이　링(여): 저는 생각이 자주 바뀌어요. 결혼하고 싶을 때도 있고, 혼자 편하게 사는 게 좋을 때도 있어요.

제이슨(남): 저는 지금 가족과 떨어져 살고 있어서 그런지 결혼도 빨리 하고 아이도 많이 낳고 싶어요.

3 생활 속의 과학

사회자(여): 안녕하십니까. '생활 속의 과학' 시간입니다. 오늘은 병원에서 인공 지능을 어떻게 활용하는지 알아보기 위해서 의학 전문 기자를 모셨습니다. 인공 지능은 병원에서 어떤 역할을 하고 있습니까?

기　자(남): 인공 지능의 가장 큰 역할은 환자를 진료하고 그 결과를 분석해서 환자의 아픈 곳을 찾아 주는 겁니다. 또한 환자에게 맞는 치료 방법을 의사에게 조언하기도 합니다.

사회자(여): 그렇게 되면 의사의 일자리가 줄어드는 것은 아닐까요?

기　자(남): 그렇지 않습니다. 의사의 일자리가 줄어드는 것이 아니라 역할이 달라지는 겁니다. 지금까지는 의사가 직접 환자를 진단하고 처방하는 일을 하곤 했습니다. 그런데 이제는 인공 지능이 환자의 정보를 수집하고 분석하면 의사는 그 정보를 활용하여 정확한 치료 방법을 결정합니다.

사회자(여): 인공 지능 때문에 의사의 일자리가 줄어드는 줄 알았는데 그게 아니었군요. 앞으로는 인공 지능 덕분에 환자가 보다 높은 의료 서비스를 받을 수 있겠네요.

4 한국의 의례

아나이스(여): 저 갑자기 친구 아버님이 돌아가셔서 장례식장에 가야 되는데요. 제가 한국에서 장례식에 안 가 봐서 어떻게 하는 건지 모르겠어요.

한국 친구(남): 그래요? 일단 검은색 옷을 입고 가는 게 예의예요. 그리고 조의금도 준비하세요.

아나이스(여): 조의금이 뭐예요?

한국 친구(남): 유족을 위로하기 위해서 내는 돈이에요. 보통 흰 봉투에 넣어서 준비해요.

아나이스(여): 그렇군요. 그럼 거기 가서는 어떻게 해야 돼요?

한국 친구(남): 먼저 빈소에 들어갈 때 방명록에 이름을 적고 조의금을 내요. 그리고 고인의 사진 앞에 꽃을 놓은 다음에 그 앞에서 절을 하거나 기도를 하면 돼요. 그러고 나서 유족들에게 인사를 하고요. 조문이 끝나면 빈소 옆에서 식사를 하기도 해요.

아나이스(여): 자세히 알려 줘서 고마워요.

5   문화유산

강의자(여): 안녕하십니까? 오늘 강의에서는 10월 9일 한글날을 맞아 한국의 문화유산 '한글'에 대해 다시 한번 생각해 보고 여러분이 한글을 처음 배울 때의 경험에 대해서도 이야기해 보겠습니다.

여러분, 현재 우리는 말을 글로 쓰는 것이 당연한 시대를 살고 있습니다. 하지만 만약 우리가 하는 '말'을 기록하는 '문자'가 없다면 어떨까요? 한글이 만들어지기 이전에 한국 사람들은 어땠을까요? (잠시 후) 그렇습니다. 한국어를 기록하는 고유의 글자가 없어서 백성들이 무척 불편함을 겪었습니다. 그래서 세종 대왕은 집현전 학자들과 함께 문자 생활을 편하게 하도록 하기 위해 한글을 창제하게 되었습니다.

한글은 전 세계적으로 우수성을 인정받고 있는 과학적인 문자로 알려져 있습니다. 여러분도 잘 알고 있는 것처럼 한글은 소리글자이고 자음과 모음으로 이루어져 있습니다. 모음은 하늘, 땅, 사람의 모양을 바탕으로 기본 문자가 만들어졌습니다. 또 자음자는 발음 기관의 모양을 본떠 기본 문자가 만들어졌습니다.

이런 원리를 잘 알면 한글을 배우기가 더 쉬워집니다. 여러분은 한글을 이해하고 배우는 데 얼마나 걸렸습니까? 여러분이 알고 있는 다른 문자와 한글은 어떤 차이점과 공통점을 가지고 있습니까?

6   국제화 시대

기자(여): 국내에 체류하고 있는 외국인이 이제 250만 명을 넘어섰습니다. 이로써 전체 인구에서 외국인이 차지하는 비중은 4.9%가 되었습니다. 국적별로는 중국이 가장 많았으며, 이어 베트남, 태국, 미국, 일본 등의 순서였습니다. 최근 5년 동안 중국과 미국에서 온 외국인 비율은 줄어들고 동남아시아와 중앙아시아의 외국인 비율은 늘어난 것을 볼 수 있습니다. 체류 외국인 중에서는 취업을 목적으로 한국을 찾는 사람이 가장 많았으며, 그다음으로 유학생과 결혼 이민자 순으로 나타났습니다. 이러한 국내 체류 외국인들의 증가로 저출산, 고령화로 인한 일손 부족 문제를 해결할 수 있을 것이라는 기대를 하기도 합니다. 그러나 또 한편으로는 내국인과 외국인 사이에서 일어날 수 있는 갈등에 대해 우려하는 것이 사실입니다.

그러나 이제 다문화 사회로의 변화를 막을 수는 없으며 막아서도 안 됩니다. 우리에게 남은 과제는 서로에 대한 이해와 배려로 함께 가는 다문화 사회를 만들어 가는 것입니다.

7   현대인의 질병

의사(남): 어서 오세요. 어디가 불편하세요?

환자(여): 선생님, 제가 아침부터 토하고 설사를 해서 왔어요.

의사(남): 그러세요? 어디 봅시다. 열도 있네요. 아침에 뭘 드셨어요?

환자(여): 집에 있던 냉커피를 마셨는데 나중에 보니 유통 기한이 지났더라고요.

의사(남): 그렇군요. 급성 장염인 것 같아요.

환자(여): 그러면 이제 어떻게 해야 돼요?

의사(남): 일단 식사는 하지 마시고요. 설사가 멈추면 식사를 하되 조금씩 하세요. 그리고 물도 많이 드세요.

8 정보화 사회

제이슨(남): 애나 씨, 어제 뉴스를 보니까 은행 고객들의 개인 정보가 유출됐다면서요?

애　나(여): 네, 저도 그 뉴스 봤어요. 저도 그 은행에 계좌가 있는데 걱정이에요.

제이슨(남): 저도 마찬가지예요. 통장 번호, 연락처, 주소 등이 모두 유출됐다고 하는데 어떡하면 좋을까요?

애　나(여): 은행에서 곧 입장 발표를 할 것 같아요. 그런데 도대체 누가 그런 짓을 했을까요?

제이슨(남): 보통 해커 같은 사람들이 개인 정보를 유출해서 돈을 번다고 해요.

애　나(여): 요즘은 인터넷 덕분에 생활이 너무 편리한 대신에 이렇게 개인 정보가 유출될 가능성이 있어서 너무 불안해요.

제이슨(남): 맞아요. 인터넷 쇼핑몰에 개인 정보만 입력해도 스팸 문자가 계속 오고 광고 전화도 계속 와서 너무 귀찮잖아요. 개인 정보를 입력할 때도 진짜 조심해야 될 것 같아요.

9 사건과 사고

제이슨(남): 애나 씨, 그 이야기 들었어요? 라민 씨가 교통사고가 났대요.

애　나(여): 정말요? 많이 다쳤어요?

제이슨(남): 다리가 부러져서 수술하고 하루 정도 입원을 해야 된대요.

애　나(여): 아이고. 그런데 어떻게 하다가 사고가 났어요?

제이슨(남): 라민 씨가 휴대 전화를 보면서 걸어가다가 오토바이가 달려오는 것을 못 보고 부딪혔대요.

애　나(여): 요즘 휴대 전화로 인해 교통사고가 늘고 있다고 하는데 정말 큰일 날 뻔했어요. 저도 문병

가야겠는데 같이 갈래요?

제이슨(남): 좋아요. 내일 오전에 같이 가요.

10 언어생활

잠시드(남): 거래처하고 중요한 회의가 있다고 들었는데 잘 끝났어요?

안젤라(여): 아니요. 열심히 준비했는데 결과는 별로 안 좋았어요.

잠시드(남): 왜요? 무슨 일 있었어요?

안젤라(여): 제가 제안을 하면서 의견을 좀 직설적으로 말했더니 거래처 사람들이 좀 불쾌해하는 것 같았어요. 그래서 저도 좀 당황스러웠고요.

잠시드(남): 그랬군요. 어떤 경우에는 부드럽게 말하는 게 더 효과적일 때가 있어요.

안젤라(여): 네. 때와 장소에 맞게 말하는 게 중요하다는 건 아는데 제 한국어 실력이 부족하니까 쉽지 않네요.

잠시드(남): 회의 때문에 걱정 많이 했는데 그렇게 끝나서 많이 아쉽겠어요.

11 교육 제도

사 회 자(여): 세계화 시대에 외국어는 필수가 되었습니다. 그래서 오늘은 외국어 교육 전문가 두 분을 모시고 외국어 조기 교육에 대해 이야기를 하고자 합니다. 외국어 조기 교육을 어떻게 생각하시는지요?

전문가1(남): 세계화 시대에 인재가 되려면 외국어를 유창하게 해야 합니다. 그렇기 때문에 외국어 조기 교육은 꼭 필요하다고 봅니다.

전문가2(여): 저도 외국어를 잘해야 한다는 것에는 동의합니다. 그렇지만 외국어 조기 교육은 우리 기대만큼 효과가 크지 않습니다. 연구 조사 결과에 따르면, 3～6세에는 집중력이 부족해서 학습이 제대로 이루어지지 않는다고 합니다.

전문가1(남): 저는 그렇게 생각하지 않습니다. 유아기와 아동기에는 새로운 것에 대한 호기심이 강해서 외국어를 쉽게 익힐 수 있습니다. 하지만

이 시기가 지나면 다른 언어에 대한 거부감이 커지고, 언어 습득력도 떨어진다는 연구가 있습니다.

전문가2(여): 물론 그런 관점도 있지만 너무 어린 나이에 외국어를 배우게 되면 학습에 대한 흥미를 잃을 뿐만 아니라 스트레스를 받을 수 있습니다. 그러면 오히려 부작용이 생기기 마련입니다.

전문가1(남): 언어는 어릴 때 배울수록 정확하게 발음을 할 수 있습니다. 이때를 놓치면 발음을 효과적으로 배울 수 없습니다.

전문가2(여): 그렇지만 무분별한 외국어 조기 교육으로 아이들은 모국어조차 제대로 습득하지 못할 수도 있습니다.

12 선거와 투표

앵　커(여): 6.13 지방 선거가 전국 만 4천여 투표소에서 시작됐습니다.

먼저, 서울 여의도 투표소를 연결해 투표 상황을 알아보겠습니다.

양지호 기자! 투표가 이제 막 시작됐죠?

리포터(남): 네, 조금 전인 오전 6시 정각부터 투표가 시작됐습니다. 투표 준비로 투표소는 새벽부터 분주한 모습이었는데요. 아직 이른 시각이라 유권자들의 발길은 뜸한 편입니다. 앞서 지난 8일과 9일 이틀 동안 사전 투표가 있었습니다. 전국 투표율이 20.14%였지만 서울은 19.1%, 경기와 인천은 17%대로 모두 전국 평균을 밑돌았습니다. 오늘은 사전 투표와는 달리 유권자 본인의 주소지에 있는 지정된 투표소에서만 투표를 할 수 있습니다. 투표소로 출발하기 전에 선거 안내문이나 선관위 홈페이지 등을 통해 확인해 보시는 게 좋겠습니다. 신분증 챙기시는 거 잊지 마시고요. 투표는 6시까지 진행되고 선관위는 개표가 시작되면 밤 10시 반쯤에는 당선자를 알 수 있을 것으로 보고 있습니다.

지금까지 서울 여의도중학교에서 YBS 뉴스 양지호입니다.

13 환경 보호

후엔(여): 오늘 수업에 왜 늦었어요?

라민(남): 쓰레기를 버리는데 따로따로 분리해서 버리느라 생각보다 시간이 많이 걸렸어요.

후엔(여): 그랬군요. 라민 씨는 쓰레기 분리배출이 어렵지 않아요?

제 고향에서는 쓰레기를 같이 버리는데 한국은 종이, 플라스틱, 음식물 등을 분리해야 해서 아직도 익숙하지 않아요.

라민(남): 저도 음식물 쓰레기를 버릴 때에는 많이 헷갈려요. 과일 씨, 고기 뼈, 딱딱한 껍질, 찻잎 등은 일반 쓰레기라는데 기억하기가 쉽지 않아요.

후엔(여): 맞아요. 저는 요즘 플라스틱 제품을 버릴 때 한 번 물에 씻어 버리고, 스티커를 떼어서 버리고 있어요. 좀 귀찮지만 쓰레기도 줄이고 환경 보호도 할 수 있으니까 열심히 하려고요.

라민(남): 맞아요. 요즘 환경 오염이 심각해서 저도 분리배출을 더 열심히 하고 일회용품 사용도 줄이고 있어요. 우리가 이렇게 열심히 노력하는 한 환경 오염으로 인해 생기는 문제들을 줄일 수 있을 거예요.

14 생활과 경제

기자(남): 여러분은 면접을 볼 때 어떤 옷차림이 좋다고 생각하십니까? 새 일자리를 찾는 사람이라면 면접 때 어떤 옷차림이 좋을지 신경을 많이 쓸 텐데요. 오늘은 경제 상황과 옷차림에 대해 말씀드리겠습니다.

전문가들은 불황일수록 단정한 옷차림이 취업에 더 유리하다고 조언합니다. 즉, 경기가 좋지 않을수록 옷을 단정하게 입어야 한다는 겁니다. 반면 경기가 좋을 때는 캐주얼하거나 눈에 띄는 옷차림이 자유분방한 사고를 가진 것으로 보이기 때문에 좋은 평가를 받을 수도 있다고 합니다.

그 이유는 무엇일까요? 경기 침체기에는 채용 담당자들이 보수적인 사람들로 구성되므로 튀는 사람을 피하려고 하는 경향이 있습니다. 단정한 옷차림은 신뢰감을 주고 안정된 느낌을 주기 때문에 불황기의 옷차림으로 적절하다는 것입니다.

단, 전문가들은 단정하게 입더라도 너무 시대에 뒤떨어지는 옷차림이 되지 않도록 신경을 쓰라고 조언합니다. 이상으로 최정희 기자였습니다.

15 법과 질서

진행자(여): 청취자 여러분 안녕하세요? 오늘의 법률 상식에 대해 알아보겠습니다. 박수현 변호사 나오셨습니다.

변호사(남): 오늘은 생활 속에서 무심코 어길 수도 있는 법에 대해서 알려 드리겠습니다. 먼저 많은 분들이 아시다시피 인터넷에 연예인에 대해 함부로 말하는 댓글을 쓸 경우 처벌을 받을 수도 있습니다. 이런 악성 댓글의 경우 명예 훼손죄나 모욕죄가 적용됩니다. 모욕죄는 1년 이하의 징역이나 200만 원 이히의 벌금으로 처벌받습니다. 또한 영화관이나 공연장에서 무단으로 영상을 촬영하면 저작권법에 걸리게 됩니다. 인터넷에서 영화를 불법으로 공유하는 일도 당연히 문제가 되고요. 자신이 구입한 음악 파일, 영화 파일이라고 해도 인터넷에 공개적으로 올리면 안 됩니다.

진행자(여): 네. 앞으로는 이 내용들을 잘 기억해서 다른 사람의 저작물과 인격을 존중하는 우리 사회가 되면 좋겠습니다. 모두의 작은 실천이 모여 살기 좋은 사회가 만들어지는 법이지요. 다음 시간에는 경제 문제와 관련된 법에 대해 알아보겠습니다. 그럼 오늘 순서 마치겠습니다.

16 이민 생활

앵 커(남): 오늘은 모델 한현수 씨를 초대했습니다. 박수로 모셔 보겠습니다.

한현수(여): 안녕하세요, 모델 한현수입니다. 이런 자리에 초대되어 영광입니다.

앵 커(남): 한현수 씨가 한국에서 성공할 수 있었던 비결에 대해 궁금해하는 분들이 많이 계신데요. 어떻게 성공할 수 있었는지 말씀을 좀 해 주시겠습니까?

한현수(여): 처음에는 한국어도 잘 못하고 여러 가지 문제에 부딪히면서 고생도 많이 했습니다. 학교생활에 잘 적응하지 못해 포기하려고 생각한 적도 있었고요. 그렇지만 하고 싶은 일이 무엇인지, 잘할 수 있는 일이 무엇인지 생각해 보게 됐습니다. 저는 어렸을 때부터 옷에 관심이 많았고, 여자치고 키도 큰 편이기 때문에 모델을 잘할 수 있을 것 같았습니다. 그래서 모델이 되고 싶었습니다. 그렇게 마음먹은 후에 처음에는 모델로 성공할 수 있을지 막막했지만 그 꿈을 이루기 위해 많은 노력을 했고 무대에 모델로 설 수 있었습니다.

앵 커(남): 마지막으로 한현수 씨처럼 꿈을 이루기 위해 노력하고 있는 분들에게 한 말씀 해 주시겠습니까?

한현수(여): 힘든 일이 있어도 포기하지 않고 노력히면 안 되는 일이 없는 것 같습니다. 그리고 항상 긍정적으로 생각하다 보면 언젠가 꿈이 이루어질지도 모릅니다.

색인

ㅊ

사진 출처

13쪽	사회통합프로그램 한국어와 한국문화 수업
23쪽	사회통합프로그램 한국어와 한국문화 수업
61, 62쪽	훈민정음 해례본 – Jocelyndurrey, CC BY–SA 4.0, via Wikimedia Commons
70쪽	아리랑 악보 – (재)전통공연예술진흥재단
214쪽	사회통합프로그램 한국어와 한국문화 수업– 안산시

기획 · 연구

박정아 국립국어원 학예연구관
정혜선 국립국어원 학예연구사

이슬비 국립국어원 학예연구사
박지수 국립국어원 연구원

집필진
책임 집필
이미혜 이화여자대학교 교육대학원 교수
공동 집필
이영숙 한양대학교 국제교육원 교수
안경화 서울대학교 언어교육원 대우교수
김현정 서강대학교 국제한국학선도센터 책임연구원
이윤진 안양대학교 교육대학원 교수
유해준 상지대학교 한국어문학과 교수
강유선 숙명여자대학교 아시아여성연구원 연구원
이명순 대전대학교 사회통합프로그램 강사

조항록 상명대학교 한국학과 교수
배재원 이화여자대학교 언어교육원 특임교수
정미지 아주대학교 다산학부대학 특임교수
오지혜 세명대학교 미디어문화학부 교수
박수연 조선대학교 언어교육원 교육부장
이미선 서정대학교 사회통합프로그램 강사

연구 보조원
김민정 이화여자대학교 국제대학원 강사
위햇님 서울대학교 언어교육원 강사
남미정 상명대학교 국제언어문화교육원 강사
권수진 한양대학교 국제교육원 강사
진보영 안산시외국인주민지원본부 사회통합프로그램 강사

오민수 건국대학교 언어교육원 강사
이승민 (재)한국이민재단 강사
곽은선 고려대학교 한국어센터 강사
강수진 상명대학교 국제언어문화교육원 강사

법무부 사회통합프로그램(KIIP)
한국어와 한국문화 중급 2

1판 1쇄 발행 2020년 12월 10일
1판 6쇄 발행 2024년 5월 24일

기획 · 연구 국립국어원
관계 기관협조 법무부 출입국 · 외국인정책본부 이민통합과
지은이 이미혜 외

펴낸이 박영호
기획팀 송인성, 김선명
편집팀 박우진, 김영주, 김정아, 최미라, 전혜련, 박미나
관리팀 임선희, 정철호, 김성언, 권주련
펴낸곳 (주)도서출판 하우

주소 서울시 중랑구 망우로68길 48
전화 (02)922-7090
팩스 (02)922-7092
홈페이지 http://www.hawoo.co.kr
e-mail hawoo@hawoo.co.kr
등록번호 제2016-000017호

값 10,000원
ISBN 979-11-90154-85-7 14710
ISBN 979-11-90154-80-2 14710 (set)